AFONSO MURAD

# A JESUS COM MARIA

## Montfort e o Tratado da Verdadeira Devoção

| Direção editorial: | Pe. Fábio Evaristo R. Silva, C.Ss.R. |
| Coordenação editorial: | Ana Lúcia de Castro Leite |
| Preparação do texto: | Irmão Anderson Barroso |
| Revisão: | Sofia Machado |
| Diagramação e capa: | Mauricio Pereira |

---

**Dados Internacionais de Catalogação na Publicação (CIP) de acordo com ISBD**

---

M972j    Murad, Afonso

       A Jesus com Maria: Montfort e o tratado da verdadeira devoção / Afonso Murad. - Aparecida, SP : Editora Santuário ; Academia Marial; Paulinas, 2021.
       88 p. ; 12,5cm x 18cm.

       ISBN 978-65-5527-041-9 (Santuário) - ISBN 978-65-5808-024-4 (Paulinas)

       1. Religião. 2. Cristianismo. 3. Tratado da Verdadeira Devoção. 4. Montfort. 5. Jesus. 6. Maria. I. Título.

2021-2282                                                               CDD 240
                                                                         CDU 24

---

**Elaborado por Vagner Rodolfo da Silva - CRB-8/9410**

**Índice para catálogo sistemático:**
1. Religião : Cristianismo 240
2. Religião : Cristianismo 24

1ª impressão

Rua Dona Inácia Uchoa, 62
04110-020 – São Paulo – SP (Brasil) – Tel.: (11) 2125-3500
http://www.paulinas.com.br – editora@paulinas.com.br
Telemarketing e SAC: 0800-7010081

Direção-geral: Flávia Reginatto

Editora responsável: Ir. Vera Bombonatto

Todos os direitos reservados à **EDITORA SANTUÁRIO** – 2021

---

 Rua Pe. Claro Monteiro, 342 – 12570-000 – Aparecida-SP
Tel.: 12 3104-2000 – Televendas: 0800 - 0 16 00 04
www.editorasantuario.com.br
vendas@editorasantuario.com.br

# Introdução

Caro amigo, cara amiga:

Você já leu ou ao menos ouviu falar do "Tratado da Verdadeira Devoção à Santíssima Virgem", de São Luís Grignon de Montfort? Nos últimos anos, ele se tornou mais conhecido, pois alguns movimentos católicos promoveram sua difusão, acompanhada pelo ato da Consagração a Maria, a "escravidão a Maria" e o uso das correntes. Este livro quer ajudar você a responder algumas questões: Quem foi Montfort? De onde se originou a prática da Consagração? Qual o significado dessa devoção para a Igreja? Qual seria a posição adequada de bispos, padres e agentes de pastoral diante desse fenômeno? Que critérios utilizar para um discernimento sereno, à luz da teologia e magistério da Igreja?

Imagine como é desafiador compreender de maneira correta um texto escrito em francês, há mais de 300 anos. Como a cultura se modifica com o tempo e as línguas modernas evoluem, há palavras e expressões que precisam ser compreendidas no contexto da época e passar por um processo de atualização.

Muita coisa que São Luís escreveu no *Tratado* não foi criada por ele. Antes, o santo captou e selecionou o que se dizia e se rezava naquele tempo. Voltemos para a Europa, no início dos anos 1700. A Igreja católica na França estava em combate aberto contra os protestantes calvinistas. Naquele tempo não havia clima de diálogo nem de colaboração entre as Igrejas cristãs. E, sim, de conquista de espaço. Internamente, havia um conflito aberto na Igreja com um movimento católico rigorista, chamado jansenista. A espiritualidade católica não se alimentava da Bíblia, e sim de uma infinidade de práticas devocionais e de orações decoradas. Praticamente, não havia oração espontânea nas comunidades. Rezar consistia em recitar fórmulas prontas ou criar outras. Em reação à reforma protestante, que pregava que o culto se dirigia somente a Jesus, como único e absoluto mediador, a Igreja católica estimulou a oração aos santos, especialmente a Maria. Esse clima favoreceu uma devoção que hoje consideramos exagerada, mas que era compreensível e aceitável naquela ocasião. Alguns, temendo que isso levasse a uma perda de centralidade de Jesus, criticavam os excessos. Como a teologia era muito árida, conceitual e distante da espiritualidade, aqueles que atuavam nas missões populares valorizavam uma espiritualidade mais afetiva e sentimental. Nesse cenário é que surge a obra de Montfort.

Agradeço especialmente ao Irmão Anderson Barroso, religioso do Instituto dos Irmãos monfortinos de São Gabriel, conhecedor da vida e obra de Montfort, que corrigiu o livro.

Faremos uma leitura contemporânea do escrito de São Luís, fiel ao mesmo tempo às suas intuições e ao pensamento atual da Igreja. Valorizamos a Tradição, sem ficarmos agarrados ao passado. Queremos responder aos apelos de viver a fé, com sentido, no mundo atual. Vamos lá?

# 1
# Vida e Missão de Montfort

Para compreender corretamente o *Tratado da Verdadeira Devoção à Santíssima Virgem* é necessário conhecer a pessoa e a história de São Luís Maria Grignon de Montfort. Apresentaremos então uma síntese da cronologia de sua vida, tal como é descrita por R. Laurentin (2002), A. Bossard (1994), S. De Fiores (1994), M. Gendrot (1966) e B. Papàsogli (1990), a partir dos seus primeiros biógrafos, Blain e Grandet[1]. Segundo Stefano de Fiores (1994, p. 795-800), missionário monfortino e respeitado mariólogo, há três tipos principais de interpretação sobre sua figura: as biografias edificantes, que o apresentam como um santo extraordinário, perfeito desde o começo, conforme o modelo de santidade dos séculos 18 e 19; as que destacam seu perfil espiritual; e as biografias realistas, que o caracterizam como um homem a caminho para Deus, situado em um contexto histórico. Selecionamos aqui fatos de sua vida e missão que ajudam a situar o *Tratado* em perspectiva teológica e pastoral.

---

[1] Ver a lista das biografias mais significativas sobre Montfort em: S. De Fiores, o.c., p. 830-833.

# 1. Aprendendo com a Vida de Luís Maria Grignon de Montfort

## *Preparando-se para a missão*

Luís Maria Grignon nasceu em 31 de janeiro de 1673, em Montfort-la-Cane (atualmente, Montfort-sur-Meu), na região da Bretanha, noroeste da França. Seus pais o entregam à tia Andréa, sua ama de leite, um mês depois. Ali ele vive vários anos, na cidade de lffendic, com mais três irmãos de leite. Seu pai, João Batista, era advogado e pertencia à pequena nobreza bretã decadente. Tiveram dezoito filhos. Três se tornaram padres: além de Luís, José e Gabriel. E duas filhas, Sílvia e Guiena Joana se tornaram religiosas.

Com 11 anos de idade, os pais enviam Luís para estudar na escola dos jesuítas, que tinha três mil alunos, em Rennes. Como filho mais velho, ele é preparado para ser o chefe da família. Mora na paróquia São Salvador, na casa de seu tio, padre. Destaca-se como aluno inteligente e estudioso. No tempo da escola descobre a beleza do mundo da arte: a pintura, a escultura e a poesia. Visita os pobres e os doentes. Participa da Congregação Mariana, movimento de leigos criado pelos jesuítas, visando cultivar entre os jovens o amor a Deus e a devoção a Maria. Três traços marcam Montfort, desde a adolescência: a constante busca da vontade de Deus, a devoção a Maria e o grande amor aos pobres. Provavelmente, na escola conhece a devoção à "escravidão", que era difundida por dois jesuítas que ali atuavam. Com os jesuítas, desenvolve a paixão por Cristo e a contemplação da vida de Jesus, na espiritualidade legada por Santo Inácio de Loyola.

Aos 19 anos, Luís toma a decisão de ser padre. Pensa até em ser missionário fora da Europa, como muitos jesuítas. Então, viaja a pé, com uma pequena trouxa, de Rennes para Paris, percorrendo mais de 300 Km. Recusa o cavalo que lhe ofereceram. Aceita um dinheirinho, que na estrada doa para os pobres. Troca a roupa nova recebida com um mendigo, que encontra pelo caminho. Chega a Paris em dezembro de 1692.

Em Paris, inicia os estudos na Universidade Sorbonne e mora em uma comunidade destinada a estudantes pobres. Seus estudos são financiados pela senhorita Montigny. Mas esta deixa de ajudá-lo no inverno do ano seguinte, devido à crise econômica que se abateu sobre a França. Naquela ocasião, uma multidão de pobres perambulava faminta pelas ruas de Paris. O coordenador da casa, Padre La Barmondière, oferece-lhe uma tarefa remunerada, para ajudar sua subsistência: passar a noite velando os mortos na paróquia de São Sulpício, três vezes por semana.

Quase dois anos depois, La Barmondière falece e a casa é fechada. Onde morar? Na carta dirigida ao tio, padre Alain Robert, Luís revela sua confiança em Deus: "Aconteça o que acontecer, não me abalarei. Tenho no céu um Pai que nunca me falta. Ele me conduziu até aqui e continuará com suas misericórdias" (Carta 2, p. 9, Montfort, Lettere in: Opere. Vol 1: Scritti spirituale. 1990). Então, Montfort e alguns companheiros se reúnem em outra comunidade, mais pobre ainda. Parte do sustento é garantido por uma senhora. Devido a vários fatores, entre eles a alimentação ruim e o ambiente insalubre, Luís adoece e é internado em um hospital de Irmãs, que cuidam dele. Ali ele presencia a morte de muitos doentes. Após recuperar a saúde, passa a morar no Seminário "Pequeno São Sulpício" e deixa de frequentar as aulas na Sorbonne.

No verão de 1699, Montfort peregrina ao Santuário de N.S. de Chartres, a mais de 90 km de Paris, representando os seminaristas. Ao chegar, joga-se aos pés da imagem de Maria e reza durante muitas horas. Sendo encarregado da biblioteca do seminário, durante o ano lê muitos escritos dedicados a Maria. Chama-lhe a atenção o Pequeno Saltério da Virgem Maria, atribuído a São Boaventura. Conhece os livros dos mestres da "Escola de Espiritualidade Francesa". Essa corrente de espiritualidade começou no século anterior. Ela ensinava que somos um com Cristo e com Ele formamos uma única pessoa mística. O "segredo da perfeição", segundo a linguagem da época, consistiria em viver e permanecer em Cristo. Assim, todos nós participamos das ações, dos mistérios e das disposições do Senhor. Suas principais figuras foram Bérulle, Condren,

Olier e João Eudes. Montfort é considerado o último dos padres da Escola Francesa de Espiritualidade.

### *O jovem Padre Luís Maria*

Montfort é ordenado em 5 de junho de 1700, aos 27 anos. Segundo Laurentin, "o único objetivo de Luís Maria, durante todo o seminário, fora formar-se para ensinar a fé aos pobres e compartilhar sua pobreza" (p. 45). O primeiro desejo do jovem padre é partir em missão, para longe. Mas seu diretor espiritual se opõe a isso. Então, Montfort viaja para Nantes, a mais de 400 km de Paris, para viver em comunidade com uma congregação de Padres. Mas não suporta a mediocridade do ambiente nem encontra o que queria: "Preparar-me com o tempo às missões e, em particular, catequizar a gente pobre, minha grande aspiração" (Carta 5, p. 13).

Por sugestão da Senhora Montespan, protetora dos pobres, ele vai ao encontro de Dom Girard, bispo de Poitiers. Mais de 90 km de trajeto. O bispo tinha viajado. Então, Luís Maria resolve ir ao hospital da cidade, visitar os pobres doentes e orar na capela. É tão amável com as pessoas, com um estilo de vestir-se e falar tão próximos, que lhe pediram: "Permaneça conosco!" Escreve, então, uma carta ao seu orientador espiritual, Padre Leschassier, pedindo-lhe que lhe ajude na decisão (Carta 6, p. 16-20), pois não quer ficar no hospital. Conta-lhe que "tenho grande inclinação a trabalhar pela salvação dos pobres, em geral, e não tanto para me fixar em um hospital. (...) Eu desejo fazer somente a vontade de Deus. (...) De bom grado sacrificarei meu tempo, minha saúde e minha própria vida para salvação dos pobres desse hospital abandonado, se o senhor julgar oportuno" (p. 20). Em outra carta, em setembro de 1701, manifesta sua predileção: "A catequese aos pobres da cidade e do campo é minha atividade preferida" (Carta 9, p. 28).

Muda-se então para Poitiers. Recebe um dinheirinho para a viagem, mas o dá aos pobres, antes de partir. Entra na cidade sem nenhuma moeda. O bispo o recebe bem. Montfort conta que, enquanto esperava dois meses para iniciar seu trabalho no hospital, "catequizei todos os pobres mendigos da cidade, que eu ia buscar nas ruas". Era tanta gente, que não cabia na igrejinha. Ele os levava para o mercado coberto da cidade (Carta 11, p. 34). Os hospitais, naquela época, não eram clínicas médicas, mas conforme o nome (em francês: *Hôtel-Dieu*), um tipo de hospedaria, assumida por grupos religiosos, que recolhiam os doentes e miseráveis da cidade. A medicina era incipiente e não se conheciam as causas e a forma de transmissão das doenças.

Esse hospital, além de ter poucos recursos, era desorganizado, "uma pobre Babilônia", "a casa da desordem, onde não reina a paz e faltam os bens materiais e espirituais" (Carta 10, p. 30). Nomeado capelão do hospital, Montfort "põe ordem na casa", trabalhando com a coordenação da ala masculina. Ali atua, de outubro de 1701 a março de 1703. Coloca os indigentes para comerem juntos no refeitório, pois era uma forma de organizar a refeição e favorecer a convivência. Também vai à cidade pedir alimentos para os indigentes, "a fim de acrescentar alguma coisa ao seu pão seco" (Carta 11, p. 35). No entanto, encontra grande oposição do ecônomo e da coordenadora do hospital. Nesse período de crise, faz o retiro inaciano de oito dias, orientado pelos jesuítas. Lá encontra forças para continuar sua missão.

Ao retornar, presencia uma onda de enfermidade no hospital, a ponto de 80 pessoas adoecerem e algumas delas morrerem. Persiste assim mesmo. Reconhece, com gratidão, que Deus lhe concede "as luzes do espírito, que antes não tinha, facilidade para exprimir-se e falar espontaneamente, perfeita saúde e uma grande abertura de coração para todos" (Carta 11, p. 36). Em meio a tantas dificuldades, Montfort, com apenas 29 anos, consegue a cooperação de grande parte do grupo no hospital. Forma um núcleo de mulheres voluntárias, que será o princípio de uma comunidade religiosa feminina. Aquela designada por Montfort como superiora da comunidade era cega. Mas a comunidade é dispersada pela administração do hospital. Maria Luísa permanecerá lá no hospital, a pedido de Montfort, durante 10 anos como uma pobre, apesar da perseguição das governantas. Excluído de seu trabalho de evangelização e de organização do hospital, Montfort se retira, em março de 1703, após um ano e meio de intenso trabalho.

Então, retorna a Paris. Trabalha como voluntário no Hospital Geral (La Salpêtrière), onde uns cinco mil pobres eram tratados como escória (Carta 16, p. 45 e nota 72). Mora sozinho, num cantinho pouco iluminado, perto do noviciado dos jesuítas e recebe alimentação das beneditinas. Seu orientador espiritual o abandona. Alguns padres consideram-no um personagem estranho. Não gostam que ele pregue em praça pública. O bispo o proíbe de fazê-lo. Montfort se torna um pobre entre os pobres: sem recursos, marginalizado, rejeitado, desabrigado e abandonado pela própria hierarquia da Igreja. Após meses atuando no hospital, encontra debaixo de seu prato um bilhete, ordenando-o que fosse embora. Novamente se põe a caminho, após distribuir entre os pobres as poucas coisas que tinha. Para onde ir? Luís pensa até em deixar o ministério. Mas tal crise é oportunidade para ele exercitar a radical confiança em Deus. Tamanho sofrimento e perseguição levam-no a procurar apaixonado a sabedoria divina. Aproximam-no da cruz de Cristo. "Somente na amável cruz está a verdadeira sabedoria que eu busco dia e noite com paixão cada vez maior" (Carta 13, p. 41).

Em dezembro 1703, os eremitas do Monte Valeriano o acolhem em sua comunidade como orientador. Ele contribui para recolocar a paz e a ordem, deixando os monges felizes. Provavelmente, nessa época, Montfort escreve *"O amor da sabedoria eterna"*, sobre a encarnação do Filho de Deus, a missão de Jesus e sua mensagem. Esse livro "apresenta a síntese mais completa da via espiritual monfortana" (A. Bossard, o.c, p. 808). Foi escrito quase 10 anos antes do *Tratado da Verdadeira Devoção a Maria*. Até do ponto de vista cronológico, para Montfort Jesus vem na frente.

Em março de 1704, os 400 pobres do Hospital de Poitiers pediram seu retorno. Novamente, ele segue viagem a pé. É recebido com alegria pelos indigentes. Trabalha incansavelmente para reerguer o hospital decadente. Retoma o projeto de uma comunidade em estilo de vida consagrada, para ser protagonistas nessa tarefa. Mas, em junho do ano seguinte, Montfort é novamente excluído do hospital, devido às pressões de seus adversários. E a fraternidade feminina é desfeita.

Ao mesmo tempo que atua no hospital, Montfort propõe ao bispo a criação de missões populares na diocese. Intensifica seu trabalho missionário, sobretudo nos bairros pobres. Catequiza, combate os excessos da bebida, chama à conversão, ensina o povo a recitar o rosário. Cria cânticos religiosos, baseados em ritmos conhecidos pela população. Para garantir-lhe casa e comida, o bispo o nomeia diretor da "Casa dos penitentes". Luís Maria multiplica as missões paroquiais em várias cidades do interior, nos primeiros meses de 1706. Alcança grande aprovação e reconhecimento entre a população. Mas, provavelmente, devido ao seu sucesso e ao estilo de vida radical, suscita enorme reação do clero. A gota d'água foi sua iniciativa de fazer uma enorme pirâmide para queimar na fogueira uma pilha de livros que considerava contrários à fé. Então, o bispo ordena-lhe deixar a diocese. Quantas desilusões e quantos fracassos!

Montfort vive o Evangelho com um radicalismo assustador. Identifica-se com os pobres até em sua maneira de vestir e viver. Em carta à sua mãe, em agosto de 1704, ele agradece aos genitores lhe terem dado a vida, nutrido e educado. Mas diz, com clareza, que abraçou uma nova família, na qual tem fortes vínculos com a sabedoria e a cruz (Carta 20, p. 55). Certa vez, aceita o convite dos familiares para participar de um banquete. Diz ao pai que levaria alguns amigos. Traz consigo uma turma de empobrecidos, que reuniu na paróquia. O fato causa surpresa e mal-estar no pai e outros parentes.

Em 1706, com 33 anos de idade, Montfort segue para Roma, na esperança de encontrar uma luz e receber apoio do Papa para ir às missões do Oriente. Faz a viagem a pé, sem um tostão. Percorre 1.500 km, dividindo com os mendigos as esmolas que ganhava no caminho. Naquele tempo era comum a ida de peregrinos e andarilhos a Roma, caminhando a pé durante dias e até meses. O papa Clemente XI o recebe e lhe diz que deve exercer sua missão na França, contribuindo para a renovação do cristianismo e a retomada das promessas do batismo. E assim ele retorna à sua pátria, confirmado como "missionário apostólico".

### *Anos de intensa missão*

A partir daí Montfort se empenha ainda mais na difusão do evangelho, especialmente entre os pobres. O Irmão Maturino, companheiro incansável, acompanha-o. Ele promove missões paroquiais em várias cidades no oeste da França. "Era muito requisitado, mas também temido e rejeitado, apesar de seu carisma apostólico. Muitos o acolhiam como um santo, outros o temiam como um fanático. Pregava, confessava, provocava uma renovação profunda das promessas do batismo" (Laurentin, p. 73). Em 1707, Montfort se hospeda com os missionários de Leuduger, em Dinan. Com eles, realiza o trabalho missionário. Lá permanece somente alguns meses. Parece que a comunidade não concorda com seu jeito original de ser, a forma despojada de realizar a ação pastoral, confiando na Providência divina, e a acolhida aos pobres e doentes. Montfort segue em missão por várias cidades. Então vai morar no eremitério de São Lázaro, juntamente com Maturino. Atende à solicitação de vários padres para pregar em suas paróquias. Mas também essa missão não dura muito. Entre abril e maio de 1708 vem a proibição do bispo da diocese de São Malo.

Então, Luís Maria parte para a diocese de Nantes. Com alguns padres e irmãos empreende o trabalho missionário, incentivando os cristãos a renovar as promessas do batismo. Difunde com ardor a devoção a Maria. Organiza procissões. Convence pela pregação e pelo testemunho pessoal. Cria e difunde cânticos. E para que a missão se prolongue, ele forma grupos de leigos. Os mais comuns naquela época eram as confrarias.

Em 1709 e 1710, Montfort entretém-se nas missões de Pontchâteau. Com trabalhadores voluntários, ergue um monte e em seu ápice um calvário com três cruzes e as 150 contas do rosário. Embaixo, simula o jardim do paraíso terrestre e o das Oliveiras. Segundo Laurentin, "era uma Bíblia popular ao ar livre, enfeitada com sinais e símbolos, evocando a história da salvação". Esse calvário monumental seria um memorial do Gólgota e um centro de atração espiritual. Mas surgem várias denúncias contra Montfort. Disseram que o local poderia ser local de bandidos e rebeldes ou um campo fortificado contra o governo. Então, o bispo interdita o local e ordena que o calvário seja demolido. Montfort insiste junto ao bispo para manter o monumento, mas nada consegue. Então, por obediência, derruba o que havia construído com tanto zelo e colaboração da população. Intimado a desaparecer do local, Montfort faz mais um retiro inaciano de oito dias, com os jesuítas, seus antigos mestres, que sempre o acolhem. Ali reencontra a serenidade e a paz. Em novembro de 1710 entra para a Ordem Terceira Dominicana.

Luís Maria se recolhe por alguns meses. É proibido de exercer sua atividade missionária, mas não desiste. Recebe de uma senhora um pequeno cômodo para morar. Percebe que não há asilo na cidade. Aluga então uma casa pequena, ali perto, e acolhe os que cabiam naquele espaço. Escolhe duas moças para coordenar o asilo e as leva a se consagrar a Deus. Para uma delas escreve a obra "O segredo de Maria". Ali vive uma existência anônima e laboriosa. Alguns leigos o ajudam a trazer os moribundos que estavam jogados pelas ruas.

No início de 1711, uma inundação atinge a periferia de Nantes. Luís Maria encoraja os salva-vidas, assustados com a violência da correnteza. Ajuda a recolher os refugiados sob os telhados. Na Quaresma, nos momentos livres das missões populares, faz retiro espiritual com os jesuítas e, posteriormente, os capuchinhos. Meses depois, conversa com o bispo de La Rochelle, que o acolhe em sua diocese. Naquela região animará missões nas cidades e no interior. Provavelmente, Montfort escreve o *Tratado da Verdadeira Devoção à Santíssima Virgem* em outubro de 1712, nos arredores de La Rochelle.

Por que Montfort não publicou essa obra? Talvez para evitar um confronto maior com o grupo católico dos jansenistas, que reprovavam a devoção a Maria e o perseguiam. Para Laurentin, o motivo seria outro. Montfort propõe o uso simbólico das correntes, que ele próprio usava. Mas como ficou sabendo que o Santo Ofício condenou essa prática, ele manteve o manuscrito em segredo.

Montfort se dá conta de imenso trabalho a realizar ainda em favor do povo abandonado, mas suas forças diminuem. No início de 1713 escreve a regra de vida para a futura Companhia de Maria (missionários monfortinos), que continuaria sua obra missionária. Segue animando as missões populares por vários meses. Em setembro adoece. É operado, e, logo que se recupera, põe-se a caminho, para evangelizar.

Três prioridades se impunham no final de sua vida: os pobres, a quem Montfort quer evangelizar, servindo-os nas missões; os doentes, a quem Montfort quer cuidar, como sendo o próprio Cristo; e as crianças, a quem Montfort quer ensinar e educar na fé. Dessas prioridades, surgirão cada uma das três congregações fundadas por Montfort. Em 1714, Montfort inicia em La Rochelle uma escola para meninos pobres, aproveitando um espaço já existente. Recruta um padre e três professores leigos. Ele também trabalha na escola, quando está na cidade. A partir da Quaresma, Montfort percorre cidades de diferentes dioceses, promovendo as missões populares. Em junho, passa por Nantes e visita o hospital dos Incuráveis, que havia fundado. Nesse mesmo mês faz outro retiro junto aos jesuítas. Talvez, na ocasião, tenha escrito "Carta aos amigos da Cruz".

Em setembro daquele ano, Luís Maria vai a pé a Rouen, ao encontro de Blain, seu amigo da infância. Esse, posteriormente, será um dos seus biógrafos. Blain relata que o vê assim: maltrapilho, faminto, usando instrumentos de penitência. Então, pergunta-lhe: "Por que você age desse jeito?" Montfort lhe responde: "Minha única intenção é viver o Evangelho, caminhar sobre os passos de Jesus Cristo e de seus discípulos". O amigo retruca: "Mas por que esse comportamento esquisito, singular, tão diferente?" Montfort lhe diz: "Se como isso se entendem ação de zelo, caridade, mortificação e outras virtudes heroicas pouco comuns, eu ficaria feliz em ser singular (...) Há diferentes graus de sabedoria. Uma é aquela da pessoa comum. Outra, a do missionário ou do homem apostólico. Esse deve buscar a glória de Deus e executar novos projetos. Sempre tem algo novo a realizar. E é normal que ele provoque reações e até perseguições (...) Se os discípulos estivessem preocupados com o que falassem mal deles, ficariam recolhidos no Cenáculo e não partiriam em missão".

### *Últimos passos de um grande homem*

No início de 1715 Montfort convoca dois padres para segui-lo. Com eles e o Irmão Maturino funda o núcleo da Companhia de Maria, os missionários monfortinos. Convoca também Maria Luísa e Catarina para virem a La Rochelle. Inicia-se, novamente, o Instituto das Filhas da Sabedoria. Elas abrem uma escola gratuita para meninas pobres. Nos três primeiros meses, Montfort impõe às Irmãs e às professoras uma vida muito austera e comportamentos esquisitos, como fazê-las dormir em caixões, para concretizar a meditação sobre a morte. Alertado por Catarina, renuncia aos excessos. Em setembro-outubro de 1715 Montfort retira-se do ritmo intenso das missões e fundações para rezar na gruta de Mervent, no meio da floresta. Edifica ali um pequeno eremitério. Depois volta à ação, inserindo-se cada vez mais na pastoral das dioceses de La Rochelle e Luçon, onde finalmente encontra apoio dos bispos.

O ano de 1716 marca a última etapa da vida de Luís Maria. A Congregação das Filhas da Sabedoria está se formando e serve ativamente às crianças (meninas), aos pobres e aos doentes. Montfort consegue, ao longo dos anos, alguns homens que lhe auxiliam em suas obras. Constam sete irmãos, dos quais quatro haviam professado os votos religiosos na festa de Pentecostes do ano anterior. Para viver e trabalhar com ele nas missões havia, em especial, dois padres e um Ir. Maturino, seu fiel escudeiro.

As forças físicas de Montfort se exaurem. Vem a febre e a infecção no pulmão. No dia anterior à morte dita seu testamento. Em 28 de abril, ainda lúcido, recebe os últimos sacramentos. Falece nesse dia, aos 43 anos, e é enterrado com seus instrumentos de penitência, um crucifixo e uma imagem de Maria. Montfort será beatificado em 1888 e canonizado em 1947.

### *Balanço de uma vida*

O essencial em Montfort é seu amor a Deus e ao povo. Esse amor se traduziu na busca incessante da sabedoria divina, na mística da encarnação, na paixão pela cruz de Cristo e pela humanidade sofredora, especialmente os pobres, e a devoção a Maria (A. Bossard, o.c, p. 812-822). Luís tinha uma personalidade forte. Talvez, impulsiva e rude, rígida e marcada pelo excesso de culpa. Era exigente demais com seus parceiros e colaboradores. Para "domar" esses impulsos, cultivou a radical confiança em Deus, a bondade e a paternidade em relação às pessoas. Em carta de despedida aos habitantes de Montbernage, dizia: "O amor cristão e paternal que eu trago por vocês é tão grande, que vocês sempre terão um lugar no meu coração enquanto eu viver, e até a eternidade".

Montfort possuía grande sensibilidade artística e alma de poeta. Compôs os "Cânticos". Totalizavam 25 mil versos em 4 volumes manuscritos, publicados posteriormente em 164 cânticos! Ele gostava de cantar e entoar hinos com as multidões. "O cantar nos ilumina/ nos tranquiliza e alegra/ nos anima e reconforta/ e a escutar a Deus nos leva" (Cant 1, 17). Os cânticos não tinham somente uma finalidade catequética. Aqueciam os corações e tornava mais suave a vida dos camponeses. "Se estão escritos para o povo humilde/ seu valor não é menor/ e se cantam verdades comuns/ nem por isso são menos redentores" (Cant 2, 40).

Montfort viveu muitos momentos de obscuridade na fé, de crises e de perseguições. Exercitou o discernimento várias vezes, com ajuda de seu orientador espiritual e de outras pessoas com quem partilhava sua vida à luz da fé. Procurou ardentemente a sabedoria divina e compreendeu a paradoxal loucura da cruz. Era, literalmente, um peregrino. No correr da vida foi crescendo na entrega a Deus e no domínio de seus impulsos. E assim terminou a existência em paz e santidade. Montfort viveu intensamente a universalidade da missão, o amor preferencial pelos mais pobres, a pobreza radical e a confiança em Deus.

Quando um autor constrói seu pensamento articulando várias tendências, diz-se que ele é *eclético*. Tal adjetivo pode ser aplicado a Montfort. Ele estudou autores clássicos da espiritualidade. Conseguiu reunir elementos de correntes diferentes: dos Jesuítas, dos Dominicanos, como São Tomás de Aquino e Alain de La Roche, de franciscanos, como São Boaventura, e dos mestres da Escola Francesa de espiritualidade, como Bérulle, João Eudes, e Boudon; e dos sulpicianos, especialmente Olier e Tronson. O dinamismo espiritual, o estudo e a experiência de vida junto aos marginalizados e miseráveis configuraram o pensamento original de Montfort. Embora tenha escrito bastante, somente algumas músicas e a "Carta aos Amigos da Cruz" foram publicadas durante sua vida.

Montfort criou um modelo original de missão popular, e assim converteu multidões. Mobilizava o corpo e os sentidos das pessoas, para evangelizar. Percorreu mais de 50 cidades, quase 200 paróquias, em várias dioceses. Ao mesmo tempo que trabalhava muito, cultivava intensamente a oração. Confiança em Deus e imenso zelo pastoral se conjugam nele de maneira original: conhecer a Deus, viver nele e falar dele ao povo, em todas as linguagens possíveis: tratados, pregações, cânticos e poesia.

Como um peregrino na fé, Montfort viveu em seu tempo, há mais de 300 anos, em um contexto bem diferente do nosso. Foi um personagem controverso, inquieto e inquietante. Praticou alguns excessos, como as penitências corporais, que hoje não devem ser replicados, pois constituem elementos secundários da vivência da fé cristã. A consciência da Igreja evoluiu e não aceita mais certos comportamentos e visões que, séculos atrás, pareciam normais.

Apresentamos essa síntese da vida e da missão de Montfort, antes de refletir sobre o *Tratado da Verdadeira Devoção a Maria*, para que todos saibam que ele não passou a vida inteira somente falando de Maria e promovendo a devoção a ela. Montfort foi grande místico cristão, dedicado missionário, amigo dos pobres, inovador nos processos de evangelização e fundador de Institutos religiosos: Missionários Monfortinos (ou Companhia de Maria), Filhas da Sabedoria e os Irmãos Monfortinos de São Gabriel. Quem desconhece a vida de São Luís e seus escritos, lê o *Tratado* e o toma "ao pé da letra", pode ter uma visão estreita de Montfort, de sua missão, do lugar da devoção a Maria em relação a Jesus, que não correspondem àquilo que ele oferece de original à Igreja.

## 2. Breve apresentação do "Tratado da Verdadeira Devoção"

O Tratado (vamos utilizar esse termo breve) é um texto escrito a mão, elaborado em 1712, que foi descoberto em 1843 por um padre, membro dos Missionários da Companhia de Maria (ou monfortinos), uma das congregações fundadas por São Luís. O escrito de Montfort não tem nome. Traz apenas um subtítulo: "Preparação para o Reino de Deus". Seus divulgadores o intitularam "Tratado da verdadeira devoção à Santíssima Virgem", pois isso correspondia às demandas da devoção católica do século 19. O texto visa motivar as pessoas a adotarem a prática de se consagrarem a Jesus, nas mãos de Maria. Não tem capítulos, nem artigos. Para facilitar a leitura e fornecer uma interpretação devocional, os encarregados da publicação numeraram os parágrafos, dividiram-nos em capítulos e criaram subtítulos. Tal estruturação é seguida pela maioria das traduções.

Já os missionários montfortinos, membros do instituto por ele fundado, dividem o Tratado assim: Introdução, (1) Maria no mistério de Cristo e da Igreja, com três capítulos; (2) A devoção a Maria na Igreja, com quatro capítulos; (3) A perfeita consagração a Jesus nas mãos de Maria, (4) suplemento. Façamos um voo panorâmico sobre o texto de Montfort. Os números entre parêntese correspondem ao parágrafo do Tratado.

**Introdução** (1-13): Montfort apresenta, com a mentalidade de sua época, uma visão geral sobre Maria, ressaltando como a Mãe de Jesus é muito importante no plano de Deus e na vida da Igreja.

### 1ª Parte: Maria e a Salvação em Cristo

Maria é uma criatura especial, extraordinária, singular, filha predileta do Pai, Mãe do filho de Deus encarnado, esposa do Espírito Santo, cumulada de Graça, mais do que qualquer outro ser humano. Deus quis começar e acabar suas maiores obras por intermédio de Maria (5-15). No entanto, diante de Deus, ela é somente uma pequena criatura, "menos do que um átomo" (14).

*Cap. 1: Maria e Cristo (16-21).* Maria participou da vida e missão de Jesus Cristo, na encarnação e na redenção. Ela o amamentou, nutriu, sustentou, criou e o sacrificou por nós. Por Maria Jesus começou sua missão pública e por ela continuará até o fim dos séculos. O Espírito Santo possui a fecundidade, como o Pai e o Filho. Por intermédio de Maria, da qual se quis servir, produziu, nela e por ela, Jesus Cristo e seus membros.

*Cap. 2: Maria e a Igreja (22-48).* A atuação da Trindade na encarnação continua de um modo visível na Igreja. Maria é colaboradora de Deus: tesouro do Pai, canal das misericórdias do Filho e distribuidora dos dons do Espírito. Embora Maria esteja infinitamente abaixo de Jesus Cristo, está toda transformada em Deus pela graça. Suas preces são tão eficazes porque ela é sempre conformada à vontade divina. Maria é a mãe da Igreja, que gera os filhos na fé. O Espírito Santo reproduz Maria nos eleitos. Maria é o tipo da Igreja. Quando o Espírito Santo, seu esposo, a encontra em uma pessoa, penetra-a em toda a plenitude, comunicando-se abundantemente a ela. Maria é rainha dos corações, e ela é necessária para chegarmos ao nosso fim último, que é Jesus.

*Cap. 3: Maria nos últimos tempos da Igreja (49-59).* Na primeira vinda de Jesus Cristo, Maria quase não apareceu. Mas, na segunda vinda, ela será conhecida e revelada pelo Espírito Santo, a fim de que por ela Jesus Cristo seja conhecido, amado e servido. Por causa da luta terrível entre o Divino e o poder do Mal, é preciso se preparar e lutar no exército de Deus, como também conhecer, amar e honrar Maria, como nunca aconteceu antes. Os servidores e filhos de Maria "serão ministros do Senhor ardendo em chamas abrasadoras, que lançarão por toda a parte o fogo do divino amor" (56). Não sabemos quando e como o império de Deus se estabelecerá sobre a Terra. Cabe-nos silenciar, orar e esperar.

## 2ª Parte: O culto a Maria na Igreja

Aqui se expõe em que consiste a devoção a Maria, a serviço do culto a Jesus. "Jesus Cristo, nosso salvador, verdadeiro Deus e verdadeiro homem, deve ser o fim último de todas as nossas devoções; de outro modo, elas serão falsas e enganosas" (61).

*Cap. 1: Fundamentos teológicos do culto a Maria (60-89).* Jesus Cristo é o fim último do culto a Maria (61-67); nós somos de Cristo e de Maria (68-77); devemos nos revestir do Homem Novo (78-82); a função materna de Maria facilita o encontro pessoal com Cristo (83-86); levamos o tesouro da graça em vasos de barro e facilmente podemos retroceder (87-89). Por tudo isso, necessitamos da intercessão de Maria. "Jesus, para alcançar uma verdadeira devoção a vossa Maria, e inspirá-la a toda a terra, fazei que eu vos ame ardentemente" (67)!

Pertencemos a Cristo como "membros e escravos". Jesus Cristo é único fim de nossas boas obras e devemos segui-lo não somente como servidores assalariados, mas como "escravos de amor". Trata-se de uma entrega livre. É necessário buscar a conversão constante. Despojar-nos do que há de ruim em nós e nos revestirmos do "homem novo" (Ef 4,24). Unir-nos a Cristo, pois somente ele nos liberta do Pecado. Maria facilita o nosso encontro com Cristo, o único mediador. Se temos medo de ir diretamente a Jesus Cristo, devido à sua grandeza ou à nossa baixeza, podemos recorrer a ela. Confiemos em Maria e em sua fidelidade a Deus!

*Cap. 2: Deformações do Culto a Maria (90-104).* Os sete tipos de falsos devotos seriam: os críticos, que depreciam as práticas devocionais da gente simples, pois essas não lhes agradam; os escrupulosos, ao recear que o culto a Maria coloque Jesus em segundo plano; os devotos exteriores, que se apegam às manifestações sensíveis; os presunçosos, que ostentam o nome de devotos de Maria, mas não praticam uma fé verdadeira, de conversão e mudança de vida; os inconstantes, que alternam momentos fervorosos em excesso com aqueles de frieza e indiferença; os devotos fingidos e os devotos interesseiros, que recorrem a Maria somente quando necessitam de alguma graça.

*Cap. 3: A devoção autêntica a Maria (105-114)*. A intenção do Tratado é "formar um verdadeiro devoto de Maria e um verdadeiro discípulo de Jesus Cristo" (111). Tal devoção é: interior, pois parte do espírito e do coração; terna, cheia de confiança filial; santa, pois leva a pessoa a evitar o pecado e imitar as qualidades (virtudes) de Maria; constante, enquanto firma a pessoa no bem e a ajuda a perseverar; e desinteressada, levando o fiel a buscar unicamente a Deus em Maria.

*Cap. 4: Principais formas de devoção a Maria (115-19)*. Haveria oito práticas interiores da devoção à mãe de Jesus: honrá-la, sobre todos os outros santos, a primeira depois de Jesus Cristo; meditar suas virtudes, seus privilégios e seus atos; contemplar suas grandezas; fazer-lhe atos de amor, de louvor e reconhecimento; invocá-la cordialmente; oferecer-se e unir-se a ela; em todas as ações ter a intenção de agradar-lhe; começar, continuar, e acabar todas as ações por ela, nela, com ela e para ela, a fim de fazê-las por Jesus Cristo e nele, com ele e para ele, nosso último fim.

Dentre as práticas exteriores de devoção (da França, naquela época), citam-se: fazer parte de confrarias, congregações ou ordens religiosas com carisma mariano; dar esmolas, jejuar e mortificar-se em sua honra; trazer consigo um símbolo (como o terço, o escapulário ou a correntinha); recitar com atenção orações vocais a Maria;

Entoar cânticos espirituais; Fazer-lhe gestos de reverências; Ornar seus altares, coroar e enfeitar suas imagens; Carregar sua imagem nas procissões e trazê-la consigo como uma arma eficaz contra o Mal; Colocar imagens de Maria nas igrejas, nas casas e na entrada das cidades; e consagrar-se a ela, de uma maneira especial e solene.

A *Consagração a Jesus nas mãos de Maria* seria a melhor alternativa para a pessoa, que "conserve com mais fidelidade na graça e a graça nela, que a una com mais perfeição e facilidade a Jesus Cristo".

### 3ª Parte: A *perfeita consagração a Jesus Cristo nas mãos de Maria*

Essa expressão está sublinhada e com letras maiores no manuscrito, para indicar sua importância. Seria o título mais adequado para o escrito de Montfort, que como afirma o próprio autor, é uma "preparação ao Reino de Jesus Cristo" (227).

*Cap. 1: Conteúdos essenciais da consagração (120-133).* A mais perfeita devoção é aquela pela qual nos conformamos, unimos e consagramos mais perfeitamente a Jesus Cristo. Maria é a criatura mais conforme a Jesus Cristo. Logo, quanto mais uma pessoa se consagrar a Maria, mais consagrada estará a Jesus Cristo. Tal devoção é uma perfeita renovação das promessas do batismo. Ela consiste em entregar-se inteiramente a Maria, a fim de, por ela, pertencer inteiramente a Jesus Cristo. Essa entrega inclui oferecer o corpo, a alma, os bens interiores e exteriores, enfim tudo o que temos e teremos, até o mérito pelas nossas boas ações. Enquanto que no batismo a criança renuncia ao Mal e se dá a Jesus por intermédio dos padrinhos, agora isso se realiza pessoalmente, com conhecimento de causa. É um ato para recordar e manter fielmente as promessas batismais.

*Cap. 2: Motivos que recomendam a Consagração a Jesus pelas mãos de Maria (134-182).* Ela é muito mais do que uma prática devocional, como tantas outras. Consiste em gesto, atitude, decisão, ato público, que marca uma nova orientação para a existência cristã. A Consagração é apreciável porque: coloca inteiramente o fiel a serviço de Deus, leva-o a imitar o exemplo de Cristo e a praticar a humildade; obtém a assistência materna de Maria; promove "a maior glória de Deus"; conduz à união com Cristo, por ser um caminho fácil, curto, perfeito e seguro; faz crescer na liberdade dos filhos de Deus; oferece muitas vantagens ao próximo; é um meio maravilhoso de perseverança.

A escravidão voluntária e amorosa, expressa na Consagração, pode nos fazer livres, pois concede uma grande liberdade interior, a dos filhos de Deus (cf. Rm 8,21). Devido a essa entrega amorosa, Jesus retira da pessoa todo escrúpulo e temor servil, que a constrangem, escravizam e perturbam; alarga o coração por uma santa confiança em Deus, considerando-o como Pai, e inspira-lhe um amor terno e filial.

*Cap. 3: A vida de Consagração expressa em uma figura bíblica (183-212)*. Para explicar as características de um consagrado a Jesus nas mãos de Maria, Montfort recorre à figura bíblica de Rebeca e seu filho Jacó (185,191-194). Ele modifica o sentido original do texto. Seguindo a interpretação alegórica ou figurativa, São Luís diz que Jacó é a figura de Jesus Cristo e daqueles que o seguem, enquanto Esaú é o símbolo dos que renegam o caminho de Jesus. Os primeiros cultivam a interioridade e a oração, na companhia de Maria, sua mãe. Não se iludem com os louvores e a aprovação dos outros. Amam a Maria verdadeiramente, como sua mãe bondosa. Da mesma forma oferecem a ela seu corpo e sua alma, simbolizados pelos dois cabritos de Jacó (!). Eles se atiram no regaço amoroso de Maria, para aí ficarem abrasados de amor e encontrarem plenamente a Jesus. Praticam as virtudes de Maria. E assim alcançarão a felicidade eterna.

Em contrapartida, Maria ama-os, providencia o que lhes é necessário, os conduz, defende-os, protege-os e intercede por eles. Maria ama seus filhos com afeição e eficácia. É um amor ativo e efetivo. Ela lhes dá bons conselhos, como Rebeca a Jacó. Maria oferece-lhes o que necessitam. Conduz seus *fiéis servos e filhos*, dirige-os conforme a vontade de seu Filho e os protege dos inimigos.

*Cap. 4: Efeitos da Consagração nos fiéis (213-225).* Ela pode produzir os seguintes frutos: conhecimento de si, sobretudo seu lado obscuro; participação na fé de Maria; maturidade cristã; grande confiança em Deus e em Maria; comunicação da alma e do espírito de Maria; transformação em Maria à imagem de Jesus, em vista da maior glória de Cristo.

Maria, Mãe do bem-querer, tirará do coração todo escrúpulo e temor servil desordenado. Ela abrirá seu coração, "e alargará para correr pelo caminho dos mandamentos de seu Filho, com a santa liberdade dos filhos de Deus, e para nele introduzir o puro amor". Assim, o fiel não será movido pelo receio a Deus, mas pelo puro amor, unicamente (215). A grande confiança em Maria faz com que o cristão se entregue nas suas mãos, direcionado a Cristo. O "Totus Tuus" (*sou todo teu*) se dirige a Jesus, por meio de Maria. "Maria é toda relativa a Deus, o eco fiel de Deus (...) quando a louvamos, amamos, honramos ou lhe damos algo, Deus é louvado, amado, honrado, e recebe por Maria e em Maria" (225).

*Cap. 5: Preparação para a Consagração e algumas expressões externas (226-265).* Além das orientações concretas para esse ato tão importante, indicam-se práticas devocionais da França naquela época, para sinalizar um compromisso de vida que brota do coração.

*a) As etapas em vista da Consagração.* Consiste em 33 dias (que evocam a idade de Cristo). Ao menos 12 dias para "desapegar-se do espírito do mundo, contrário ao de Jesus Cristo; e mais 3 semanas de encher-se de Jesus Cristo, por intermédio de Maria. Ao final, confessar-se e comungar. Então recitar a fórmula da Consagração e assinar.

Ao menos uma vez por ano, no mesmo dia, renovar a consagração, repetindo a preparação das três semanas. Periodicamente (a cada mês ou a cada dia), repetir brevemente o *Totus Tuus*: "Sou todo teu e tudo que tenho te pertence, ó Jesus, por Maria" (233).

*b) Os sinais externos da Consagração.* Montfort destaca algumas práticas devocionais existentes em seu contexto, que seriam úteis para os fiéis. Mas não fazem parte do núcleo da Consagração. Ele propõe "práticas externas", além da profissão explícita da Consagração: recitar diariamente a coroinha de Maria, composta de três Pai-Nossos e doze Ave-Marias (234-235); levar consigo "pequenas cadeias" ou correntinhas de ferro bentas (236-242); celebrar o mistério da encarnação, sobretudo no dia 25 de março, Solenidade da Anunciação do Senhor (243-248); recitar a Ave-Maria e o Rosário (249-254); recitar o Cântico de Maria, o Magnificat (255); fugir do mundo corrompido (256).

A respeito do uso das correntes: "Essas demonstrações não são essenciais, e uma pessoa pode bem se dispensar (delas)". Mas para tal sinal é louvável, pois expressa a renúncia à escravidão do pecado e a entrega total a Jesus

(236). No tempo de Cristo, a cruz era o que havia de mais infame, e depois se tornou símbolo glorioso. Fato semelhante acontece com as correntes, que sinalizariam a restituição da liberdade em Cristo e nos ligariam a Jesus e a Maria, não por força, mas por caridade, por amor, como a filhos (237). Montfort não propõe usar as correntes como uma forma de mortificação (embora ele o tenha feito), de castigar o corpo, como sustentavam os jansenistas, seus inimigos declarados.

Para terminar, São Luís apresenta quatro práticas interiores, "para aqueles chamados pelo Espírito Santo à mais alta perfeição". Resumidamente: "fazer todas as suas ações por Maria, com Maria, em Maria e para Maria, a fim de fazê-las mais perfeitamente por Jesus, com Jesus, em Jesus e para Jesus" (257).

Encerra-se o Tratado com um grito de louvor: "*Glória a Jesus em Maria! Glória a Maria em Jesus! Glória a Deus somente!*"

Há, ainda, um suplemento intitulado "Modo de praticar esta devoção na santa comunhão". Ele orienta os cristãos a renovar a Consagração cada vez que comungarem. Propõe palavras e atitudes espirituais antes da comunhão (266), no momento de receber a hóstia (267-269), e depois da comunhão (273). O editor do livro, um século depois, acrescentou o apêndice, que não faz parte da obra original. Nele se encontram uma série de orações vocais e invocações. A fórmula da "Consagração a Jesus pelas mãos de Maria" provém de seu livro "O amor da sabedoria eterna".

No próximo capítulo, refletiremos sobre como a Igreja entende o culto a Maria e quais são os critérios para mantê-lo vivo e atual. Por fim, apresentaremos a contribuição do Tratado para a espiritualidade mariana contemporânea.

# 2

# Devoção a Maria e renovação da piedade mariana

Neste capítulo, refletiremos sobre o sentido da devoção mariana no culto católico, suas possibilidades e seus limites. A seguir, apontaremos alguns critérios para manter com sentido as práticas devocionais marianas, à luz do magistério recente da Igreja. Assim, teremos referências substanciais para analisar e acolher, com os pés no chão, a proposta de Montfort.

## 1. Sim ao culto e à devoção, não ao devocionismo

*Culto e devoção*

Comecemos como algo decisivo para nossa fé. O culto cristão se dirige ao Deus Trindade. Na liturgia ele se expressa na formulação "ao Pai, pelo Filho no Espírito". Também podemos voltar nossa prece a Jesus Cristo. Verdadeiramente homem, Filho de Deus encarnado e glorificados, ele foi constituído para nós como "O Senhor" (Fl 2,11). Paulo proclama que "Jesus Cristo é o único mediador! (2Tm 2,5)". No quarto evangelho, o próprio Jesus atesta: "Eu sou o Caminho, a Verdade e a Vida. Ninguém vai ao Pai senão por mim" (Jo 14,6). Mas Jesus não atua sozinho. Desde o início de sua missão, ele constitui um grupo de seguidores. Prepara-os e delega-os para anunciar o Reino de Deus. Jesus é o messias. Nós somos a comunidade messiânica de *discípulos missionários*, constituída por ele. No correr de seus 2.000 anos de história, a Igreja foi descobrindo como aqueles que testemunharam a fé e morreram em estado de santidade estão em profunda sintonia com os cristãos peregrinos neste mundo. Isso se denomina "a comunhão dos santos".

A esse respeito, há uma diferença básica entre católicos e evangélicos. Esses sustentam que a mediação de Cristo é única e exclusiva. Os santos seriam somente exemplos de vida para nós. Nós professamos que a única mediação de Cristo é inclusiva, pois abarca a cooperação dos Santos, especialmente a de Maria. O Concílio Vaticano II declara: "Nenhuma criatura pode ser colocada no mesmo plano do Verbo encarnado e redentor. Mas o sacerdócio de Cristo é participado, de muitas maneiras, pelo Povo de Deus, e a bondade de Deus é difundida" em seus filhos. A única mediação do Redentor suscita uma variada cooperação, a qual participa de uma única fonte (*Lumen Gentium*, LG 62). Cristo é o único mediador. "A missão materna de Maria não diminui a mediação única de Cristo, mas mostra sua potência". Origina-se do dom de Deus e favorece a união dos fiéis com Cristo (LG 60). Maria ocupa um lugar único na comunhão dos Santos: o mais próximo a Jesus e mais perto de nós (LG 54). O culto a Maria é singular, diferindo e se orientando para o culto à Trindade (LG 66). É nesse quadro da *cooperação* de Maria, na única mediação de Cristo, que compreendemos sua intercessão e o culto que lhe prestamos.

O termo "devoção" tem vários sentidos. Etimologicamente, "devotare" quer dizer: servir a alguém com fidelidade, respeito e dedicação. Outra explicação: o substantivo *devotio* derivaria do verbo *devovere*, que é fazer um voto, um juramento, dedicar-se a alguém ou alguma coisa. Assim, diz-se que uma pessoa é devotada a determinada causa religiosa ou social. No campo religioso, em sentido amplo, "devoção" significa a atitude de vida de servir a Deus com fervor, presteza e constância (Moretti, 1987, Valabeck, 2003). Assim, todo cristão deve ser devotado a Cristo, enquanto segue Jesus e conforma sua vida à vontade de Deus. Santo Tomás de Aquino afirma: "Devoção deriva de devotar-se; por isso, chamam-se devotos os que, de certo modo, se devotam a Deus, submetendo-se totalmente a Ele. (...) Por onde, a devoção não é mais do que certa vontade de se dar prontamente ao que respeita o serviço de Deus" (Suma Teológica, II-II, q. 82, a. 1). Atualmente, no âmbito católico, "devoto", em sentido estrito, é a pessoa que cultiva uma singular relação com algum santo/a ou com Maria. Também se atribui àqueles que peregrinam aos santuários.

A devoção consiste em uma forma específica de exercício do culto cristão, que se diferencia da liturgia. A primeira, mais livre e flexível, é criada e difundida por vários protagonistas: leigos e leigas, institutos religiosos, movimentos e novas comunidades, presbíteros e bispos. Já a liturgia é expressão do culto oficial da Igreja e, inculturada, comporta uma normatividade. O termo "devoção" está relacionado com a piedade popular e as práticas devocionais. Tanto a atitude interior quanto as expressões externas. No âmbito mariano, há inúmeras práticas devocionais, como o rosário, as novenas, as procissões e as ladainhas. Elas são devoções (no plural) que devem expressar a entrega confiante nas mãos de Maria e inspirar-se nas suas atitudes. Portanto, não se pode colocar no mesmo nível a adoração a Jesus Cristo e a veneração a Maria e aos demais santos.

### *Práticas devocionais*

Em princípio, as práticas devocionais são livres e oferecidas como meio de cultivo da fé. Por isso não podem ser apresentadas pelos seus promotores como algo obrigatório para a vivência da fé. Por exemplo: o Rosário é uma prática devocional difundida desde o início do século 15 no ocidente. Foi reconhecida, aprovada e estimulada por vários Papas, como Paulo VI (*Marialis Cultus* 42-55) e João Paulo II (*Rosarium Virginis Mariae*). O primeiro coloca com clareza: "Que jamais essa devoção seja apresentada com inoportuno exclusivismo: o Rosário é uma oração excelente, em relação à qual, contudo, os fiéis se devem sentir serenamente livres, e solicitados a recitá-la com compostura e tranquilidade, atraídos por sua beleza intrínseca" (MC 54). Tal critério se aplica a qualquer outra devoção, com suas palavras, gestos e sinais externos. Inclusive a *Consagração* e as práticas devocionais complementares propostas por Montfort. Elas não são obrigatórias e nem devem ser colocadas de forma impositiva, como caminho único e imprescindível. O próprio Montfort, ao defender a *Consagração*, declara: "Pode-se na verdade chegar à união divina por outros caminhos, mas se deparará com mais cruzes e dificuldades..." (Tratado: 152)

Podemos utilizar o critério paulino para discernir sobre as práticas devocionais: "Tudo me é permitido. Mas nem tudo é conveniente. Tudo me é permitido, mas não deixarei que nada me domine" (1Cor 6,12). Uma devoção que foi frutífera no passado pode ser inadequada no presente. No campo devocional, raramente se diz que algo está errado. Devemos, sim, fazer um balanço sereno e crítico, para avaliar em que aspectos ela é proveitosa para uma vivência integral da fé em Jesus Cristo. E quais riscos, elementos questionáveis ou limites apresenta. Por isso, exige-se um discernimento pessoal, comunitário e institucional.

Infelizmente, presenciamos a multiplicação de práticas devocionais que extrapolam até o limite do bom senso. Por vezes, seu iniciador diz que recebeu uma inspiração do Espírito Santo ou um pedido explícito de Nossa Senhora. Com o *Tratado* de Montfort e a *Consagração* acontece algo mais grave. Faz-se uma interpretação seletiva, colocando em destaque elementos secundários, para reforçar as posições de determinados movimentos, contra o Concílio Vaticano II, o bispo da Igreja local, a CNBB e o Papa. É algo contrário à atitude de Montfort, que vivendo em conflito com vários bispos devido às inovações pastorais, exercitou o respeito e a obediência. E discerniu sua missão com o Papa.

Alguns equívocos teológicos passam despercebidos. Por exemplo: São Luís não propõe a consagração *a Maria*, e sim a Jesus pelas mãos de Maria (Tratado: 126, 132, 135, 197, 231). A fórmula de Consagração está no final do livro "Amor da Sabedoria Eterna", na qual o centro definitivamente não é Maria. Ela só aparece no final, como o quarto meio para alcançar a Divina Sabedoria, que é o próprio Cristo. Montfort diz explicitamente que prefere a expressão "escravo de Jesus em Maria" (Tratado: 244). Usa-a algumas vezes (Tratado: 236, 237) como também "escravo" e "servo de Jesus" (Tratado: 169, 239, 242). Ou, poucas vezes, "escravo e servo de Maria" (Tratado: 265), porque compreende que ela está intimamente unida a Jesus. Não podemos esquecer, como insiste São Luís: a Consagração se dirige a Jesus! Ele é "o fim último dos nossos serviços" (Tratado: 265 – Parágrafo conclusivo). Aqueles que pregam uma consagração a Maria (e não a Jesus pelas mãos de Maria) estão desalinhados com a proposta original de Montfort.

Certos pregadores acrescentam discursos moralistas, como se fosse a continuidade do pensamento de Montfort. Um famoso promotor da "Consagração à Santíssima Virgem" em seu site, aproveitando a alusão de Montfort ao homem pecador, faz uma lista dos principais pecados da atualidade. E cita, entre outros: não ir à missa aos domingos por preguiça, viver junto sem ser casado, filiar-se ou votar em partidos de esquerda, participar de festas ou shows mundanos etc. O(A) leigo(a) pensa que tal orientação provém da espiritualidade monfortina. Ora, é um abuso de autoridade que um orientador espiritual legisle sobre a consciência dos fiéis a respeito de suas opções políticas. Além disso, ele demoniza pessoas, instituições e até eventos culturais, classificando-os genericamente de "mundanos".

### *Devoção e devocionismo*

O papa Francisco, na Exortação Apostólica *Alegria do Evangelho* (*Evangelii Gaudium*), ressalta a importância da devoção. Devemos encorajar e fortalecer a piedade popular para aprofundar o processo de inculturação, realidade nunca acabada. Suas expressões têm muito a nos ensinar e são um lugar teológico na nova evangelização (EG 126). Mas ele também alerta sobre os desvios, ao afirmar que "certo cristianismo feito de devoções não corresponde a uma autêntica piedade popular. Às vezes, se dá maior realce a formas exteriores de certas tradições ou a supostas revelações privadas, do que ao impulso da piedade cristã". Alguns promovem estas expressões sem se preocupar com a promoção social e a formação dos fiéis (EG 70).

A *devoção* a Maria e aos outros santos é positiva, recomendável e faz parte do patrimônio espiritual do cristianismo católico. No entanto, os exageros, a falta de limites, a ausência de critérios, levando a uma proliferação crescente de práticas devocionais, não são pastoralmente saudáveis. Trata-se do *devocionismo*. Ele apresenta vários limites, tais como: perda do centro de nossa fé (Jesus), distância em relação à Bíblia, individualismo e certo ritualismo. Consideram-se os gestos e as palavras de determinada devoção como sagrados em si mesmos, de eficácia quase mágica. O devocionismo tem uma tendência a multiplicar as práticas devocionais ao infinito, tanto em intensidade quanto na periodicidade. Sua lógica é: quanto mais, melhor. Não basta o Terço ou o Rosário. Quanto mais Ave-Marias, mais perto alguém estaria da mãe de

Jesus. Recitar uma Salve, Rainha seria insuficiente. Que se rezem muitas! Ao lado das práticas piedosas a Maria, promovem-se novenas e devoções a outros santos. E assim se perde a noção de limites. E, por vezes, até o bom senso.

Ao devocionismo vem associado, muitas vezes, um cristianismo cheio de escrúpulos, com uma tendência a reforçar a culpa nas pessoas. Devotos escrupulosos confessam sempre aqueles mesmos "pecadinhos", como se fossem coisas abomináveis. E com o mesmo rigor, julgam os outros. O argumento principal desse rigorismo consiste em dizer: "Não podemos anunciar a misericórdia de Deus, senão as pessoas se mantêm em pecado, não se convertem e assim irão para o inferno". Ora, basta ler o evangelho para deixar-se tocar pela misericórdia de Jesus para os publicanos, os pecadores, as prostitutas, Zaqueu, e a mulher adúltera. Montfort, mesmo vivendo em um tempo de rigidez moral, defende que uma devoção autêntica e madura para com Maria nos livra dos escrúpulos e "do temor servil" (Tratado: 107, 109, 169, 215, 264). Ele é o último representante da chamada "Escola Francesa de Espiritualidade", que, além de cultivar uma espiritualidade centrada em Cristo, luta contra a visão negativa do ser humano, comum no jansenismo.

Um catolicismo devocionista e rigorista acaba se fundindo com o clericalismo, o formalismo litúrgico e o cultivo da aparência. É nesse ambiente que em alguns lugares se propagam o Tratado e a Consagração. E pessoas bem-intencionadas entram nessa corrente, sem perceberem onde estão. Felizmente, alguns não aderem a todos esses componentes. Fiéis leigos vivem a *Consagração* conforme sua história de vida, suas opções pessoais, o grupo ao qual está ligado e o contexto de sua paróquia e diocese. Daí a importância do acompanhamento espiritual e pastoral com pessoas lúcidas e equilibradas.

## 2. Renovar a piedade mariana com critério

### *Um apelo esquecido*

Em 1978, Paulo VI escreveu uma exortação apostólica lúcida e atual, intitulada "O culto a Maria" (*Marialis Cultus*). Nela, o Papa enfatiza que a mãe de Jesus é o modelo do verdadeiro culto que a Igreja, enquanto comunidade de fiéis, presta a Deus (MC 16-21). A exemplo de Maria, a Igreja ouve e acolhe a Palavra de Deus com fé (MC 17), cultiva a oração de louvor e súplica (MC 18); é mãe que gera novos filhos pelo batismo (MC 19); oferece-se a Deus com todos os seus dons (MC 20). Assim, Maria é a mestra da vida espiritual para cada seguidor de Jesus. Os cristãos olham para Maria, a fim de que, como ela, façam de sua própria vida um culto a Deus, e de seu culto um compromisso vital (MC 21). E o Papa completa: "A Igreja traduz as múltiplas relações que a unem a Maria em outras tantas atitudes cultuais: Veneração profunda, Amor ardente, Invocação confiante, Serviço amoroso, Imitação operosa e Admiração comovida" (MC 22).

Paulo VI reconhece "que a veneração dos fiéis para com a Mãe de Deus tem revestido, de fato, formas multíplices, de acordo com as circunstâncias de lugar e de tempo, com a diversa sensibilidade dos povos e com as suas diferentes tradições culturais" (MC 24). Essa inculturação bem-sucedida da fé traz uma tarefa irrenunciável: renovar as manifestações devocionais, discernindo os elementos sempre válidos daqueles que envelheceram com o tempo, com a colaboração da teologia e do magistério.

> Disso resulta que, sujeitas ao desgaste do tempo, essas formas (em que se expressa a piedade se apresentem necessitadas de renovação, que dê azo a nelas serem substituídos os elementos caducos, a serem valorizados os perenes, e a serem incorporados os dados doutrinais adquiridos pela reflexão teológica e propostos pelo Magistério eclesiástico (MC 24).

Paulo VI convoca toda a Igreja a renovar as expressões do culto mariano, ao destacar

> (...) a necessidade de as Conferências episcopais, as Igrejas locais, as famílias religiosas e as comunidades de fiéis favorecerem uma genuína atividade criadora e procederem, simultaneamente, a uma diligente revisão dos exercícios de piedade para com a Virgem Santíssima. Desejamos que tal revisão se processe no respeito pela sã tradição e com abertura para receber as legítimas instâncias dos homens de nosso tempo (MC 24).

Então, ele indica alguns princípios para realizar essa tarefa. Resumidamente:

– Que os exercícios de piedade para com a Virgem Maria exprimam, de maneira clara, a característica trinitária e cristológica (MC 25). Pois em Maria tudo é relativo a Cristo e dependente dele.

– Que o culto a Maria realce a pessoa e a obra do Espírito Santo (MC 26), concedendo o devido relevo à sua ação vivificante (MC 27).

– Que se manifeste de modo mais claro o lugar que Maria ocupa na Igreja: "Depois de Cristo, o mais alto e o mais perto de nós" (MC 28). A ação da Igreja no mundo é como que um prolongamento da solicitude de Maria em Nazaré, na casa de Isabel, em Caná e na cruz. Todos esses momentos encontram "a sua continuidade na preocupação materna da Igreja para que todos cheguem ao conhecimento da verdade, nos seus cuidados para com os humildes, os pobres e os fracos, e na aplicação constante em favor da paz e da concórdia social" (MC 28). Assim, o amor pela Igreja se traduzirá em amor para com Maria, e vice-versa (MC 28).

### *Critérios para renovar as práticas devocionais marianas*

A seguir, Paulo VI apresenta orientações, de ordem bíblica, litúrgica, ecumênica e antropológica, para o culto à Virgem Maria, para "rever ou criar exercícios e práticas de piedade" (MC 29), que são úteis para nós, quando as confrontamos com o Tratado e sua atualização. Ele afirma que: a Igreja "não se liga aos esquemas representativos das várias épocas culturais, nem às particulares concepções antropológicas que lhes estão subjacentes" (MC 36). Algumas expressões de culto, válidas em si mesmas, são menos adaptadas às pessoas que pertencem a épocas e civilizações diferentes.

Quais seriam os critérios para renovar as devoções marianas, segundo o Papa?

– Dar um *cunho bíblico*. Ou seja, "servir-se cada dia mais da Bíblia, qual livro fundamental de oração e para tirar dela genuína inspiração e modelos insuperáveis". Isso ajudará o culto mariano a "adquirir um novo vigor". Requer-se que as fórmulas de oração e os cantos assumam os termos e a inspiração da Bíblia e a devoção seja permeada pelos grandes temas da mensagem cristã (MC 30).

– Sintonizar-se *com a liturgia* e os tempos litúrgicos. Esse critério tão sábio não é fácil de se aplicar na prática. Exige-se "dos responsáveis pelas Comunidades locais esforço, tato pastoral e constância; e da parte dos fiéis, prontidão para aceitar orientações e propostas que, originadas da genuína natureza do culto cristão, muitas vezes, comportam a mudança de usos inveterados" (MC 31).

– Ter *Sensibilidade ecumênica*. Um culto desequilibrado e exagerado a Maria, além de não estar de acordo com a correta prática católica, provoca uma compreensão equivocada de outras igrejas cristãs a nosso respeito. Diz o Papa: sem diminuir o caráter singular do culto a Maria (LG 66; SC 103), "sejam evitados, com todo o cuidado, quaisquer exageros, que possam induzir em erro os outros irmãos cristãos, acerca da verdadeira doutrina da Igreja católica (LG 67); e sejam banidas quaisquer manifestações cultuais contrárias à reta praxe católica" (MC 32).

– Acolher "as aquisições seguras e comprovadas das ciências humanas" (MC 33) e as *legítimas aspirações da humanidade em nosso tempo*, para reduzir a distância entre algumas manifestações do culto e as boas concepções atuais sobre o ser humano, sua realidade pessoal e social. Paulo VI lembra que o crescente protagonismo das mulheres na família, na Igreja e na sociedade contrasta com uma imagem anacrônica de Maria, como uma mulher submissa, calada, preocupada somente com "as coisas da casa". A mulher de hoje, à luz dos evangelhos, encontrará em Maria um modelo inspirador para sua identidade e atuação no mundo (MC 37).

Espera-se que esses quatro critérios, apresentados por Paulo VI, ajude a Igreja do Brasil a cultivar uma devoção mariana consistente e centrada em Cristo. Passemos então para uma reflexão específica sobre o *Tratado da Verdadeira Devoção* e a *Consagração a Jesus pelas mãos de Maria*, segundo Montfort.

# 3

# Interpretar o Tratado e discernir a Consagração

Oferecemos este capítulo como subsídio para bispos, presbíteros, religiosos(as) e lideranças leigas, em vista de um discernimento sereno a respeito do *Tratado* e da *Consagração*. Desejamos que ele seja um material para estudo e reflexão em grupos, visando decisões pastorais acertadas.

## 1. Qual atitude pastoral adotar?

Muitas pessoas que leem o Tratado e pretendem se consagrar a Jesus nas mãos de Maria, ou já o fizeram, têm um desejo sincero de servir a Deus, de louvar o Senhor, de estreitar os laços espirituais com Maria e viver mais intensamente seus compromissos batismais. Parece-nos que a atitude pastoral adequada consiste em escutar, acolher, acompanhar, corrigir e propor um engajamento em pastorais, na paróquia ou na diocese. A Consagração deve traduzir-se em pertença e serviço eclesial. Deve-se evitar a intolerância, a indiferença ou a crítica superficial. E, sim, cultivar a lucidez, o espírito de diálogo e o respeito pelo pluralismo na Igreja. Também faz parte da missão do clero, dos teólogos(as) e dos agentes de pastoral alertar sobre as interpretações que acorrentam o carisma de Montfort. E, se for o caso, exercer a correção fraterna para corrigir os desvios. Somos *discípulos missionários*, como afirma o Documento de Aparecida, e posteriormente o papa Francisco na "Alegria do Evangelho". Aprendemos e ensinamos, uns aos outros.

Montfort viveu em um contexto de devoção mariana extrema, que hoje se poderia classificar como maximalista. Algumas afirmações do Tratado, tomadas isoladamente ou sem considerar o contexto e a linguagem da época, favorecem uma visão exagerada do papel de Maria. Por exemplo: "Quem não tem Maria por mãe, não tem Deus por Pai", "É um sinal infalível de condenação não ter estima e amor à Santíssima Virgem" (Tratado: 30); "Somente Maria dá aos filhos de Eva a entrada no paraíso terrestre" (Tratado: 45). Há certas frases que são teologicamente equivocadas, se as consideramos à luz da totalidade da Escritura e do Magistério. Por exemplo: "Jesus Cristo deu mais glória a Deus, submetendo-se a Maria durante trinta anos, do que se tivesse convertido toda a Terra" (Tratado: 18).

Felizmente, ao acolher a espiritualidade de Santo Inácio de Loyola, centrada em Cristo, Montfort revela uma devoção a Maria focada no seguimento a Jesus. Sobretudo se conjugamos o "Tratado" com outra obra de São Luís, "O amor da sabedoria eterna". São Luís denuncia tanto as correntes minimalistas da época (que se opunham à difusão da devoção mariana), quanto as "falsas devoções", meramente externas ou aparentes. É preciso traduzir a sua mensagem para nosso tempo, e não simplesmente repetir o que ele disse. "Falar de Montfort, esquecendo a necessidade de uma inculturação apropriada, equivaleria a uma repetição literal de tipo fundamentalista, que contradiria a sã criatividade suscitada pelo Espírito Santo, no curso de diferentes épocas da vida da Igreja" (S. De Fiores, o.c, p. 823). Se exercitamos o discernimento, podemos separar aquilo que é atual em sua proposta, daquilo que foi benéfico em seu tempo, e que agora não é o mais adequado para uma fé cristã madura. Segundo a expressão do papa Paulo VI, distinguir os "elementos perenes" e os "caducos".

## 2. Atualidade da espiritualidade de Montfort

Algumas características essenciais do carisma de Montfort não se encontram explícitas no Tratado, como *a fome de evangelizar, a opção pelos pobres e a simplicidade de vida*. Elas aparecem claramente em sua prática, nas cartas e nos cânticos pastorais. Quem deseja aderir à sua espiritualidade de forma integral deve incorporá-las. Como o exemplo de vida de Montfort é inspirador para nossos contemporâneos?

– Montfort assume em sua vida o lema "Deus somente". Faz uma experiência do divino que o nutre e transfigura. Por isso ele até hoje nos atrai. Além da oração diária, muitas vezes, fazia retiros. Nunca trocou a contemplação pela autossatisfação do sucesso. O senso de Deus transcendente e condescendente está tatuado em sua alma. É um estímulo para cultivarmos a vida interior como decisiva em nossa existência.

– O grande zelo missionário de Montfort leva-o a percorrer incansavelmente cidades e povoados, a utilizar a linguagem do povo, a servir-se da poesia, da música e de outros recursos. Como outros santos, ele personifica a vocação missionária da Igreja. Percebe o trabalho pastoral como "preparação do Reino de Deus" na história. Suas atitudes ecoam como um apelo a sermos hoje uma "Igreja em saída", inculturada e missionária.

– Montfort tem uma personalidade vigorosa. Ao mesmo tempo que prega a obediência e cultiva um amor à Igreja, abre novos caminhos pastorais em seu tempo. Seu espírito inovador é tanto, que suscitou reações e perseguições de seus companheiros do clero e também de bispos, a ponto de ser proibido de atuar em algumas dioceses. Montfort não conduz a uma Igreja que repete o passado, mas sim que atua como sinal eficaz do Reino de Deus no presente, aberto ao futuro.

– O amor efetivo aos pobres é elemento fundamental na espiritualidade de São Luís. Ele o manifesta em iniciativas concretas de promoção social, na saúde e na educação. Sente alegria em ser enviado "às paróquias mais abandonadas da diocese" (Carta 8, p. 25). Vê nos pobres o próprio Cristo (Cânticos 17,14). Considera-os como seus amigos. Isso estimula os cristãos hoje a estarem juntos dos pobres, nas periferias sociais e existenciais, e buscar com eles meios efetivos de construir uma sociedade justa e solidária.

– Montfort cultiva de forma intensa a simplicidade de vida, a pobreza real e o desapego dos bens materiais, renunciando o viver no luxo e na comodidade do clero de sua época. Ele é uma referência para presbíteros, religiosos(as) e leigos(as), para renunciar ao consumismo e exercitar uma "sobriedade feliz", que o papa Francisco propõe para os dias de hoje (*Laudato Si*, 222-227).

– Montfort insiste que a cruz é elemento irrenunciável do seguimento a Jesus (Carta aos Amigos da cruz: 5, 7, 16, 26, 27, 30, 31). Hoje, na América Latina, assumimos e ampliamos essa teologia da cruz. Entendemos que a cruz não é mera fatalidade. Reconhecemos que caminhar com Jesus nas sendas da misericórdia e da justiça implica perseguições e até o martírio, a exemplo de Irmã Dorothy e Dom Oscar Romero. Sentimo-nos solidários com os(as) crucificados(as) de uma sociedade excludente. Acolhemos o dom do amor redentor de Jesus, na Cruz. E proclamamos a esperança na ressurreição, como vitória da Vida.

– São Luís busca ardentemente a sabedoria de Deus encarnada em Jesus Cristo. Contrapõe-se à falsa sabedoria, expressada no conhecimento meramente intelectual, na busca de sucesso e de poder. Como Montfort, a pastoral latino-americana articula, cada vez mais, o profetismo com a sabedoria. Inspirados nos nossos povos indígenas andinos, queremos uma existência com sabor, o "bem viver", para todos. Valorizamos a sabedoria popular, empenhamo-nos por um estilo de vida mais saudável e ecologicamente sustentável. Articulamos a dimensão social da fé (profetismo) com a sabedoria. Comprometemo-nos com o "humanismo solidário" e aberto à transcendência.

## 3. Aspectos positivos do *Tratado da Verdadeira Devoção*

O livro de Montfort é uma obra primorosa. Há nele valores religiosos significativos para nós, hoje. Destacamos aqui:

– *A centralidade de nossa fé em Jesus Cristo*. São Luís deixa claro que Jesus Cristo é o fim último do culto a Maria (Tratado: 61-67). A missão materna de Maria visa o encontro pessoal com Jesus (Tratado: 83-86). Se, por força do Espírito Santo, Maria possibilitou a encarnação do Filho de Deus, é também por ela que os fiéis conseguirão mais intensamente encarnar Cristo dentro de si. O amor intenso a Jesus é condição irrenunciável para alcançar a verdadeira devoção a Maria (Tratado: 67). A finalidade do Tratado e da Consagração é "formar um verdadeiro devoto de Maria e um verdadeiro discípulo de Jesus Cristo" (Tratado: 111). Expressão pouco utilizada naquela época, o *discipulado* é hoje uma das chaves da existência cristã. A fórmula da consagração exprime que essa oferta de si mesmo se dirige *a Jesus*, pelas mãos de Maria. Indo além de seu tempo, Montfort prega também um Jesus misericordioso, de grande doçura (Sabedoria eterna: 125-126). A centralidade de Jesus, emanada dos evangelhos (Sabedoria eterna: 133-153), corresponde ao primeiro critério para a renovação da devoção mariana e também da Consagração pelo método de Montfort.

– *O amor filial a Maria*. Embora adote a "escravidão amorosa", Montfort se dirige a Maria de forma tão próxima, respeitosa e carinhosa, que sua prática e suas palavras rompem com esse esquema da escravidão. Entre escravo e senhor(a) não existe a reciprocidade e a comunicação interpessoal, que caracterizam a devoção em São Luís. Os termos utilizados no tratado sinalizam isso. Além de "santíssima virgem", típico da piedade popular francesa daquela época, São Luís a chama de "maîtresse" (Tratado: 112, 121, 145, 151, 152, 159, 173, 197, 216, 217 e 26), que pode significar *senhora*, *dona da casa*, ou *amada*. Ao redor de 27 vezes denomina-a carinhosamente de "Boa

Mãe" ou "Mãe bondosa" (bonne mère). Por mais de 15 vezes, ele a chama de "querida mãe" (chère mère). E, por fim, ao redor de 20 vezes, considera-a a "Rainha" amorosa e condescendente. Esse amor a Maria, não escravizante nem infantil, caracteriza-se pela reciprocidade de uma relação livre e madura. Como ele mesmo diz, Maria se volta para nós, ajuda-nos, acompanha-nos e conduza-nos a Jesus (Tratado: 201-207).

– *O apelo à conversão constante*. São Luís insiste que devemos renunciar aos nossos pecados e nos pede, como São Paulo, que sejamos revestidos do homem novo, o Cristo. Sem a renovação interior, "nossas devoções serão inúteis" e nossas obras manifestações da subjetividade egoísta (Tratado: 81). Importa alargar o que se entende por "conversão", a partir da Bíblia e dos clamores do Espírito Santo na atualidade. Somos chamados a seguir a Jesus, como discípulos missionários. A conversão implica oração intensa e abertura de coração. Traduz-se em mudança de mentalidade e de atitudes. Cuidar das pessoas, das relações sociais e também de nosso planeta (*conversão ecológica:* Laudato Si 5, 217, 219, 220). Enquanto Igreja, o Papa nos interpela acerca de uma *conversão pastoral e missionária*, que é "fazer com que todas as estruturas se tornem mais missionárias, que a pastoral em todas as suas instâncias seja mais comunicativa e aberta, que coloque os agentes pastorais em atitude constante de 'saída' e, assim, favoreça a resposta positiva de todos aqueles a quem Jesus oferece a sua amizade" (*Evangelii Gaudium* 27).

– *As recomendações para uma devoção autêntica.* Montfort alerta para os desvios na piedade popular, ao retratar perfis de falsos devotos: críticos, escrupulosos, superficiais, presos à aparência, autossuficientes, inconstantes, fingidos (Tratado: 91-105). Ele também aponta os elementos que qualificam a devoção autêntica: ela é fruto da opção da pessoa e não da exterioridade, exige perseverança, leva o cristão a crescer em sua opção por Jesus e inspirar-se nas atitudes de Maria (Tratado: 106-109). Tais recomendações, fruto do bom senso, da espiritualidade mariana e da prática missionária, são úteis para nós hoje.

– *A Consagração como renovação das promessas do Batismo.* O concílio Vaticano II, especialmente na Constituição Dogmática *Lumen Gentium* resgatou a concepção da Igreja como Povo de Deus. Nela, todos os batizados têm igual dignidade, que se expressa em diferentes carismas, ministérios e estados de vida. Todos nós, como batizados, participamos do tríplice múnus de Cristo, profeta, sacerdote e rei (LG 9, 10, 11, 31). Inclusive os leigos, de modo singular, como sustenta João Paulo II (*Christifidelis Laici* 14). São Luís já tinha consciência do valor do batismo e como esse não seria somente um rito administrado nas crianças. Assim, para ele a Consagração, que deveria ser realizada em uma comunidade, é "uma perfeita renovação das promessas do batismo" para os adultos (Tratado: 120). Não um privilégio, que leva as pessoas a se considerarem mais santas ou melhores que as outras. E sim um caminho para abraçar a opção de vida por Jesus de forma consciente e com certa radicalidade.

A partir de Montfort, reconhecemos que assumir pessoalmente a consagração batismal é necessário para a vida cristã. Ela se realiza de muitas maneiras, com diferente intensidade, tais como a Crisma, a Profissão na Vida Religiosa em um Instituto de Vida Consagrada, a adesão a uma comunidade de Vida e Aliança e a Consagração a Jesus por Maria no método de Montfort. Trata-se da única consagração batismal manifestada em múltiplos e complementares estados de vida, carismas e estilos de pertença. O seguimento de Jesus se manifesta "de forma nova e especial", na Vida Religiosa Consagrada, por meio dos Conselhos Evangélicos de pobreza, castidade e obediência e no ministério ordenado (João Paulo II, *Vita Consecrata*: 30).

### 4. Uma espiritualidade vigorosa, mas não exclusiva

A espiritualidade cristã e mariana não terminou em São Luís, no início do século 18. O Espírito Santo anima a Igreja, atualiza as palavras de Jesus em direção à verdade plena, faz avançar a Tradição e suscita novos carismas. Como qualquer santo e escritor, Montfort não abarca toda a espiritualidade cristã e faz algumas opções, conscientes ou não. No Tratado estão ausentes preciosos textos da Tradição cristã, como de São Francisco, de São João da Cruz e de São Domingos. Cada um deles, como Montfort, colocavam Jesus no centro de suas vidas e nutriam a devoção a Maria.

Montfort é um grande baluarte da tradição mariana da Igreja, mas não o único. É legítimo aderir à sua espiritualidade. Mas se equivoca quem sustenta ser essa a forma exclusiva de seguir a Jesus com Maria. Após Montfort vieram outros santos e fundadores, que trouxeram sua contribuição para a espiritualidade mariana na Igreja, como Dom Bosco, Champagnat, Afonso de Ligório e Claret. Sem falar de escritos de espiritualidade do século 20, como os de Chiara Lubich, Teilhard de Chardin, Charles de Foucault e os belos poemas de Dom Hélder Câmara.

*Arejar a mente com a teologia e o magistério*
Não é sensato repetir algumas frases sobre Maria, pinçadas do Tratado, como se fossem a única reflexão católica sobre Maria. A mariologia avançou muito nos últimos tempos. Citemos, a título de exemplo, René Laurentin (França), Stefano de Fiores (Itália) e Von Balthasar (Alemanha). Recentemente, Clara Temporelli (Argentina), Elizabeth Johnson (Estados Unidos), Mercedes N. Puer-

to (Espanha); Maria Clara Bingemer, Clodovis Boff, Lina Boff e Francisco Taborda (Brasil). Há vários centros de estudo e pesquisa em teologia e espiritualidade mariais em Roma, como o Instituto *Marianum*, dos Servos de Maria; a Pontifícia Academia Mariana (PAM), dos capuchinhos; e o Centro Mariano Monfortino. No Brasil, contamos com um número crescente de mariólogos(as), que exercem docência e pesquisas em diversas instituições de Ensino Superior. Vários deles(as) colaboram na Academia Marial de Aparecida. Precisamos estudar mariologia, de forma a ampliar nossos referenciais sobre a Mãe de Jesus, à luz da cristologia e da eclesiologia.

Após vários séculos de triunfalismo mariano, reencontrou-se um equilíbrio saudável na mariologia. O capítulo VIII, da Constituição Dogmática *Lumen Gentium* do Concílio Vaticano II, situa Maria adequadamente "no mistério de Cristo e da Igreja". Seguiram-se preciosas reflexões e orientações nos documentos oficiais dos papas Paulo VI (*Marialis Cultus*), João Paulo II (*Redemptoris Mater* e *Rosarium Virginis Mariae*) e Francisco (*Evangelii Gaudium* 284-288). Em âmbito latino-americano, destacam-se a contribuição teológico-pastoral dos nossos bispos em Puebla e Aparecida. A Tradição da Igreja é viva, e não estacionou no início dos anos 1700. Ser um legítimo filho(a) da Igreja exige trilhar esse belo caminho e abrir novas trilhas, somando o "sentir comum dos fiéis" (sensus fidelium) à contribuição dos teólogos(as) e místicos(as) e às orientações do magistério, nos seus variados níveis (igreja local, conferência episcopal do país, conferência regional e o Papa).

## 5. O Tratado: passar por Montfort e dar novos passos

São Luís foi um visionário. Não somente um grande devoto de Maria, mas também um exímio evangelizador e missionário. Uma leitura detalhada do Tratado, com os olhos da teologia atual, não pode esconder os limites no pensamento de Montfort, em grande parte devido aos condicionamentos religiosos e culturais de sua época. Apontaremos, brevemente, alguns desses limites, não para desmerecer ou subestimar a maravilhosa obra desse santo. Antes, visamos uma fidelidade renovada a Jesus e ao seu Reino, do jeito de Maria, como Montfort sempre desejou. Apontaremos os deslocamentos a fazer, para ser fiel à legítima tradição herdada de São Luís e aos sinais do Espírito Santo, que renova a face da Terra e da Igreja.

(a) *De uma leitura fragmentada da Bíblia para "deixar a Palavra de Deus falar"*. No Tratado, Montfort faz uma leitura alegórica de textos bíblicos, utiliza-os de forma poética ou doutrinal, sem levar em conta a intenção do autor sagrado. Seguindo o método teológico predominante em sua época, serve-se principalmente de uma lista prévia de citações da Bíblia, da patrística e de pensadores medievais. Esse recurso visa ilustrar o pensamento do escritor como um argumento de autoridade, para atestar que ele está certo. Em latim, denomina-se *"dicta probantia"*. Várias dessas citações bíblicas não correspondem à intenção do autor sagrado e estão fora do contexto[2]. Por exemplo, Montfort diz que Rebeca representa Maria. Jacó seria a imagem dos predestinados, enquanto Esaú prefigura os filhos do demônio e os condenados (Tratado: 185-200).

Isso não é problema para São Luís, e sim para nós, que lemos o seu texto três séculos depois, após as conquistas irrenunciáveis da teologia bíblica, da ciência da interpretação dos autores clássicos e da palavra do magistério. Hoje, requer-se uma interpretação bíblica mais apurada, que evite os extremos da visão "ao pé da letra", da interpretação somente exegética, ou simplesmente subjetiva. Uma leitura integral compreende o sentido original do texto em seu contexto e busca atualizar a mensagem à luz do Espírito Santo, na Igreja. Desde Pio XII a Igreja passou a considerar os gêneros literários como parte integrante da interpretação da Sagrada Escritura (Encíclica *Divino Afflante Spiritu*:

---

[2] Ver, a título ilustrativo, os versículos bíblicos da Vulgata e sua interpretação figurativa nos respectivos parágrafos do Tratado: Sl 44,14 (par 11); 1Cor 2,9 (par 12); Gl 4,19 (par. 33); Ecl 24,12 (par 34); Sl 44,13 (par 46); Sl 86,3 (par 48); Pr 8,35 (par 51); Sl 91,11 e Jr 31,22 (par 156); Ct 5,1 (par 209); Sl 118,94 (par 216).

15). Bento XVI relembra que, além dos estudos dos biblistas, é necessário levar em consideração a unidade da Escritura, a Tradição viva de toda a Igreja e a analogia da fé (Exortação Apostólica *Verbum Domini* 34).

(b) *De uma visão pessimista para uma compreensão criteriosa do ser humano, com suas luzes e sombras.* Montfort é extremamente pessimista em relação a si e por isso sofre praticamente toda a vida. Embora seja muito duro nas homilias, é misericordioso no atendimento às pessoas e no sacramento da reconciliação. Várias frases de Montfort acentuam, de forma excessiva, a condição pecadora do ser humano, até o ponto de reduzi-lo a um nada. Autoconhecimento significava somente tomar consciência de que somos maus e não temos valor nenhum: "Vocês conhecerão seu fundo mau, sua corrupção e incapacidade para todo bem, e, em consequência, vocês se desprezarão, e será com horror que pensarão em si mesmos" (Tratado: 213). São Luís usa comparações assustadoras: "Considerem-se como uma lesma asquerosa, que tudo estraga com sua baba, como um sapo repugnante, que tudo envenena com sua peçonha, ou como a serpente traiçoeira, que só busca enganar" (Tratado: 213, 228). Durante séculos, essa estratégia foi utilizada pelos pregadores, que acreditavam ser a maneira mais adequada para converter as pessoas. A isso se associavam certos métodos de penitência e castigo do próprio corpo (mortificação), que mais tarde foram proibidos pela Igreja. E também as prédicas exageradas sobre os horrores do inferno. Isso era aceitável naquele tempo, mas hoje é um desserviço à evangelização.

Busca-se, atualmente, uma visão ponderada do ser humano à luz da fé cristã, na *antropologia teológica*. Não se começa com o pecado, e sim com a Graça, a autodoação de Deus, que nos criou no amor e por amor. No dizer de Paulo: "Fomos criados em Cristo para as boas obras que Deus nos preparou (Ef 2,10). O grande projeto de Deus para a humanidade e os cosmos são a salvação! Porque Deus cria a partir do nada e recria desde o caos e o pecado, sentimo-nos agraciados, presenteados, amados incondicionalmente por Ele. Daí brota o apelo à conversão. Jesus nos atrai por sua bondade e justiça recriadora. Então, percebemos que somos pecadores, frágeis, inconstantes, necessitados de salvação. E assim vivemos, peregrinos na fé, como novas criaturas (2Cor 5,17), carregando esse tesouro na fragilidade, como em vasos de barro (2Cor 4,7). Isso implica, tanto na espiritualidade quanto na pregação, evitar uma concentração excessiva no pecado e acentuar uma moral lúcida e proativa. Lúcida, por reconhecer que somos simultaneamente e em diferentes graus, luz e sombras. Agraciados por Deus e pecadores chamados à santidade. Proativa porque nos impulsiona a ser do Bem e fazer o bem.

(c) *De uma pregação alarmista do fim do mundo para a esperança cristã*. Sempre que a humanidade passa por crises de civilização, aparecem aqueles que preveem que o mundo acabará logo. Isso aconteceu no judaísmo nos primeiros séculos antes de Jesus, e apareceu em vários momentos da história da Igreja. Também Montfort foi tocado por essa tendência apocalíptica. Ele fala em fim do mundo, como "os últimos tempos", que já teria começado. O termo aparece amiúde (Tratado: 35, 50 [três vezes], 54, 58, 118, 242). Segundo essa concepção, a consumação do Reino de Deus será precedida por uma guerra entre os santos vivos e os inimigos de Deus, que "borbulharão em todos os cantos" (Tratado: 48). A força de Maria contra os poderes do mal se manifestará com máximo vigor. Os membros do "time de Deus", pequenos, pobres e humildades, "esmagarão a cabeça do demônio e promoverão o triunfo de Jesus Cristo (Tratado: 54). Ora, passaram-se trezentos anos e não aconteceu o que Montfort previa.

Atualmente, alguns videntes e pregadores usam um discurso "apocalíptico", provocando medo e alarme nos fiéis. Deve-se evitar esse tipo de pregação, para não repetirmos os enganos do passado. É verdade que o ser humano pode destruir a si mesmo e o planeta. Mas a esperança cristã é positiva. Deus não criou o mundo para ser destruído, e sim para a plenificação, a recapitulação em Cristo (Ef 1,10). Diz o Concílio Vaticano II: "Ignoramos o tempo e a maneira da transformação do universo. Deus prepara morada nova e nova terra, onde a justiça e os anseios humanos serão plenificados. Ao final, permanecerão o amor e sua obra. Serão transfigurados os frutos da natureza e de nosso trabalho. O Reino de Deus já está presente em mistério aqui na terra. Chegando o Senhor, ele se consumará" (*Gaudium et Spes* 39). Um dia o Senhor voltará, na glória. Mas não nos compete alardear que sua vinda é iminente. Nem utilizar sinais catastróficos como indicadores seguros da parusia.

(d) *Consagrar-se para atuar no mundo*. Montfort prega sobre a Consagração sobretudo para leigos e leigas. Hoje, a prática da *Consagração a Jesus nas mãos de Maria* pode provocar certa confusão, pois o termo "consagração" não se aplicaria de forma exclusiva, nem unívoca, aos membros de Institutos religiosos. E nem aos membros de institutos seculares e das novas comunidades. No entanto, o risco maior se apresenta para os leigos(as), se tal consagração é entendida de maneira restrita como uma "fuga do mundo", e não como uma maneira de atuar nele, para transformá-lo. A "índole secular do laicato", expressão emanada do Concílio, significa, conforme João Paulo II, "a inserção profunda e a participação plena dos fiéis leigos na terra, no mundo, na comunidade humana, (...) destinadas à difusão do Evangelho que salva" (*Christifidelis laici* 15).

A entrega a Jesus é vivida pelos leigos e pelas leigas, com "a índole peculiar de sua vocação" de atuar *no mundo* como sal, fermento e luz (CL: 9, 15). No dizer do Papa, "toda a existência do fiel leigo tem por finalidade levá-lo a descobrir a radical novidade cristã que promana do Batismo, sacramento da fé, a fim de poder viver as suas exigências, segundo a vocação que recebeu de Deus" (CL: 10). Então, "O 'mundo' torna-se o ambiente e o meio da vocação cristã dos fiéis leigos" (CL: 15). Portanto seria uma perda para a vocação laical reduzir a vivência da *Consagração* aos espaços eclesiais, em estilo conventual, como uma anacrônica "fuga do mundo". Reavivar o compromisso batismal implica ser um sinal de esperança, de caridade e solidariedade nos diversos ambientes onde as pessoas vivem e transitam.

Trataremos agora de dois temas polêmicos: a escravidão por amor e o uso das correntes como sinal externo da Consagração.

### 6. Escravo, servo ou filho de Maria?

O tema da escravidão amorosa a Jesus e Maria (não somente a Maria!) está desenvolvido especialmente nos parágrafos 69 a 72 do Tratado. Montfort contrapõe o escravo ao servo, de uma forma idealizada, que não corresponde à realidade. Segundo ele,

> há duas maneiras, aqui na terra, de alguém pertencer a outrem e de depender de sua autoridade. São a simples servidão e a escravidão, donde a diferença que estabelecemos entre servo e escravo. Pela servidão, comum entre os cristãos, um homem se põe a serviço de outro por certo tempo, recebendo determinada quantia ou recompensa. Pela escravidão, um homem depende inteiramente de outro durante toda a vida, e deve servir a seu senhor, sem esperar salário nem recompensa alguma, como um dos animais sobre o qual o dono tem direito de vida e morte (Tratado, 69).

São Luís distingue três espécies de escravidão. Por natureza, todas as criaturas são escravas de Deus. Por constrangimento, são os demônios. E por livre vontade, que é a mais perfeita, "escolhe-se, sobre todas as coisas, a Deus e seu serviço", mesmo que não seja obrigatório (Tratado, 70).

Para ressaltar tal distinção, ele argumenta que: (a) O escravo se dá integralmente a seu senhor, com tudo o que possui, mas não o servo; (b) Esse exige salário pelos serviços que presta a seu patrão, e o escravo nada pede; (c) O servo pode deixar o patrão quando quiser, mas o escravo não tem esse direito; (d) Se o patrão matar seu servo, comete homicídio, mas ele tem poder sobre o escravo de vendê-lo ou matá-lo, (e) O servo só fica por algum tempo a serviço de um patrão, enquanto o escravo o é para sempre (Tratado 71). E assim conclui: "Só a escravidão, entre os homens, põe uma pessoa na posse e dependência completa de outra. Nada há, do mesmo modo, que mais absolutamente nos faça pertencer a Jesus Cristo e a sua Mãe Santíssima do que a escravidão voluntária" (Tratado, 72).

São Luís visa engrandecer a "escravidão amorosa", originada no século 16 e difundida na França por vários pregadores, como o Padre Boudon, falecido em 1702, que escreveu "A santa escravidão da admirável mãe de Deus". O texto é uma das fontes do Tratado.

> O verdadeiro escravo, cedendo o direito de suas boas ações à sua abençoada senhora, já não dispões delas (...) como coisa que lhe pertence, pois é a característica da escravidão colocar o escravo e seus bens, e tudo o que ele pode fazer e adquirir, em todo o poder do mestre e do senhor (Boudon, p. 31).

Montfort faz uma comparação didática, que não corresponde à realidade do mundo do trabalho de seu tempo, já que praticamente não havia mais escravos entre os europeus. Eles subjugavam os povos indígenas e africanos de outros continentes, para realizar sua empreitada colonialista. Os escravos eram submissos porque não lhes restava outra alternativa para sobreviver. Os servos podiam ser bons ou maus. Não era a condição de servos que os faziam interesseiros ou generosos. Na realidade, para Montfort, a questão fundamental não era ser escravo ou servo, mas sobretudo a quem servir em liberdade: a Deus e ao diabo. E Maria é o exemplo da verdadeira e integral entrega a Deus.

Montfort quer ressaltar uma entrega total, livre, amorosa, de completa disponibilidade. Hoje, usaríamos outras imagens. Por exemplo: o voluntário(a) que se dedica a atender pessoas com sérias deficiências físicas. A pessoa que empenha sua existência em causas sociais e ambientais, renunciando à fama e ao sucesso profissional. A(O) filha(o) que acompanha dia e noite sua mãe acometida de *Alzheimer* em estado avançado. A família que adota, cuida e educa crianças que eram de rua, oferecendo-lhes o aconchego de um lar. Os amigos que se entreajudam, colaborando um com o crescimento do outro. O casal que nutre o amor recíproco por muitos anos, com fidelidade, renúncia e alegria renovada.

Atualmente, não se aceita mais a escravidão, de nenhuma maneira, por ser desumanizante e contrária à vontade de Deus. No campo das relações trabalhistas, reconhecem-se direitos e deveres dos empregados e dos patrões. Em nosso continente latino-americano, perduram as marcas terríveis da escravidão sobre os povos indígenas e africanos e foram denunciadas pelas conferências de Puebla, Santo Domingo e Aparecida. Em Puebla, João Paulo II pediu perdão aos povos originários de nosso continente pelos malefícios causados pelos colonizadores europeus. No encontro com os representantes dos povos indígenas do Brasil, acentuou o empenho da Igreja em defesa de sua dignidade (João Paulo II, outubro 1991). Na encíclica *Laboren Exercens* o Papa reafirma a dignidade do trabalho e daqueles que o realizam (LE 1, 6, 9, 10, 18). Esses não podem ser privados de seus direitos fundamentais. Hoje, no campo das relações trabalhistas, qualquer forma análoga à escravidão constitui crime e é passível de punição legal. No âmbito das relações conjugais e familiares, avançou-se muito para superar a violência contra as mulheres. A escravidão da mulher em relação ao seu marido, e outras formas de dominação das sociedades patriarcais, já não é aceita pela Igreja. Essa proclama a igual dignidade do homem e da mulher, a reciprocidade nas diferenças, o cultivo do amor que se doa (Papa Francisco, *Amoris Laetitia* 54, 145).

*Escravos, mas também servidores e filhos(as)*
No texto original do Tratado, sem os títulos e subtítulos, Montfort usa a palavra "escravo" aproximadamente 70 vezes (incluindo os escravos do demônio), e "servo/servidor" umas 50 vezes. E no servo predomina o sentido positivo, de alguém que presta um serviço generoso, e não do empregado descomprometido. Em vários parágrafos, são praticamente sinônimos "escravos amorosos" e "servos fiéis" ou "filhos" e " servos" (Tratado: 50, 52, 53, 54, 152, 153, 154, 183, 188, 200, 203, 204, 206, 209). Com diferentes termos, São Luís salienta a relação única de confiança e de entrega. "Quem serão esses servidores/

servos, esses escravos e filhos de Maria? (Tratado: 56) E ainda: "Maria terá mais filhos, servos e escravos de amor, como nunca houve" (Tratado: 113). A não ser na famosa comparação entre o servo mercenário e o escravo amoroso (Tratado: 69-72), os termos, "servo/servidor", "escravo" e "filho" expressam a mesma realidade: uma relação espiritual do cristão com Jesus e Maria.

No Livro "Amor da Sabedoria eterna" (ASE), Montfort utiliza várias vezes a imagem da *amizade*. "Existe um vínculo de amizade" entre a Sabedoria e o ser humano, pois fomos criados à sua imagem e semelhança (64, 65, 69). Deus vem ao nosso encontro, em Jesus Cristo, a sabedoria encarnada, para nos ensinar a ser felizes (ASE 5). Ele nos atrai e nos conquista por sua doçura, beleza e sabor (ASE 10, 11, 13, 17, 19, 32, 33, 53). Antes mesmo da encarnação a Sabedoria fazia sua morada nos justos, "transformando-os em amigos e profetas de Deus" (ASE 47, 51, 90). O filho de Deus se encarnou "para testemunhar aos homens a sua amizade" (168). Jesus Cristo concede-nos "saborear e realizar" tudo o que nos deu a conhecer (ASE 56). "A Sabedoria fez-se homem com a finalidade única de atrair os corações à sua amizade e à sua amizade" (ASE 117). O seguimento a Jesus exige assumir a sua cruz (ASE 169-180). O Espírito Santo nos comunica a Sabedoria, derramando em nosso coração "a alegria, a doçura e a paz indizíveis" (ASE 98). Ora, somente no final dessa obra e na fórmula da Consagração, Montfort apresenta a " escravidão amorosa" (ASE 211, 219, 223, 226, 227).

Nos evangelhos Jesus usa a imagem do servo (*doulos*). Por exemplo, em Mt 25,23: "Servo bom e fiel". Os judeus, que foram submetidos à condição de escravos no Egito, rejeitavam a escravidão como condição permanente de membros do povo eleito. Jesus prefere chamar seus seguidores de "discípulos", aprendizes no caminho. O Evangelho de João avança mais nessa intimidade de Jesus com seus discípulos(as): "Eu não chamo vocês de servos, porque estes não sabem o que faz o seu senhor. E sim de amigos, pois revelei a vocês tudo o que ouvi do meu Pai (Jo 15,15). O apóstolo Paulo, judeu familiarizado com os hábitos greco-romanos, utiliza a imagem da escravidão, da libertação, da alforria, da redenção, para comunicar aos seus interlocutores a boa nova da salvação de Jesus Cristo. Ao mesmo tempo, afirma que os cristãos já não vivem na escravidão, e sim na condição de filhos e de herdeiros (Gl 5,1; Rm 8,15).

Afirma-se na psicologia que em uma relação amorosa madura, os amados se entregam um(a) ao outro(a), mas não se perdem. Eles(as) mantêm sua alteridade. Algo semelhante acontece no trato com quem exerce poder e autoridade. A tentativa de anular a singularidade das pessoas, em nome da obediência cega, comporta sérios riscos, pois favorece o autoritarismo nas relações interpessoais e a veneração de líderes autoritários. Esses são seguidos por uma massa informe de seguidores submissos, que não pensam. Por isso, parece inadequado, e, algumas vezes, até doentio, fixar-se na ideia da escravidão.

Em nossa opinião, o que continua válido (perene, como dizia Paulo VI) na proposta de Montfort não é a escravidão, e sim o amor de quem se entrega, na liberdade e na radicalidade, a Jesus e ao Reino, pelas mãos de Maria. Talvez seja mais adequado falar em "entrega amorosa", "serviço amoroso" ou "compromisso filial".

### 7. Uso das correntes

Montfort recomenda o uso de pequenas correntes de ferro (correntinhas ou cadeinhas), como sinal externo da Consagração a Jesus nas mãos de Maria, embora saliente que elas "não são essenciais" e que a pessoa pode dispensá-las (Tratado: 236). As congregações fundadas por Montfort, legítimas continuadoras de seu carisma, substituíram as correntes por outro símbolo: uma correntinha no peito, com a medalha de Maria. Além disso, a cúria romana se posicionou contra o uso de correntes como instrumento de mortificação, para castigar o corpo.

Montfort justifica o uso da correntinha, segundo a mentalidade da época. Essa recordaria ao cristão seu compromisso batismal; mostraria que ele não se envergonha "de ser escravo e servo de Jesus Cristo", sinalizaria que ele traz as correntes da caridade e da salvação (Tratado: 238, 239). Então, São Luís lança um apelo: "Despedacemos os grilhões do pecado e dos pecadores (...) e lancemos longe de nós seu jugo destruidor" (Tratado: 240). Ele tem consciência de que o sinal das correntinhas não é mágico, mas a expressão de uma atitude pessoal. Simbolizam a rejeição ao mal, o seguimento a Jesus e a vivência da caridade (Tratado: 240-242).

Onde utilizar as correntinhas? Montfort sugere várias possibilidades: "No pescoço, no braço, na cintura ou nos pés" (Tratado: 242). Tal recomendação nos parece inapropriada para os tempos atuais. Aqui se coloca um problema real. Há pessoas que propõem usar correntes pesadas nos pés, na cintura, ou na altura dos genitais, como forma de penitência corporal. Têm uma visão negativa do corpo, como se ele fosse a causa do pecado. Isso não é aceitável pela Igreja. Deve-se alertar sobre tais práticas equivocadas, que se apoiam em citações isoladas de Montfort.

Recomenda-se que a pessoa consagrada a Jesus com o método de Montfort, desejosa de levar consigo um símbolo externo, use uma correntinha com a cruz ou uma medalha, conforme orientam os missionários monfortinos. Ou ainda uma correntinha discreta no pulso.

## Conclusões abertas

Por fim, deixamos aqui três sugestões. Caso o bispo diocesano, os padres, os coordenadores de novas comunidades ou outra liderança eclesial adotem para determinado grupo de leigos o caminho da Consagração a Jesus pelas mãos de Maria, devem fazer uma preparação adequada, visando o engajamento na Igreja e na sociedade. As congregações monfortinas no Brasil (Missionários Monfortinos e Irmãos de São Gabriel) oferecem um material apropriado para isso[3]. Que seja um processo de crescimento humano e espiritual, para renovar as promessas do batismo e viver mais intensamente o seguimento a Jesus, do jeito de Maria.

A disposição de doze dias e três semanas de preparação, totalizando 33 dias, com as orações vocais correspondentes (Tratado: 227-233), é uma orientação de Montfort: "Eis a ordem que poderão seguir" (Tratado: 227). Ele reuniu elementos dos exercícios espirituais de Santo Inácio de Loyola, traços da espiritualidade francesa do início do século 18, sua experiência mística e das missões populares. Portanto não se trata de um mandamento imutável, mas de uma indicação prática com bons resultados.

---

[3] "Preparação para a consagração a Jesus Cristo pelas mãos de Maria" do Ir. Marcel Chapeleau: Introdução: Com o Espírito Santo e Maria (5 dias); 1ª semana: o mundo no qual a vida nos introduziu; 2ª semana: no coração do mundo e da história de Jesus Cristo; 3ª semana: olhar sobre a minha missão no mundo e na história; 4ª semana: com Maria, rumo à plenitude da vida em Jesus Cristo.

A preparação pode ser adaptada para os dias de hoje[4]. O que seria possível ajustar? (a) Todas as etapas serão iluminadas por textos bíblicos, citações do Tratado e do "Amor da Sabedoria eterna"; (b) A etapa do conhecimento de si mesmo incluirá tanto o lado sombrio e pecaminoso do ser humano, quanto seu lado luminoso, tocado pela graça de Deus; (c) As orações vocais de cada semana serão escolhidas conforme o costume da pessoa e de sua comunidade. Sugerimos rezar mais os Salmos e acrescentar orações espontâneas; (d) A fórmula de consagração poderá ser atualizada, conforme os critérios apresentados por Paulo VI na *Marialis Cultus*.

Seria muito bom que houvesse um Grupo de Trabalho, vinculado à Comissão de doutrina da CNBB, para continuar estudando sobre Montfort, o Tratado e a Consagração a Jesus pelas mãos de Maria, em sintonia com as *Diretrizes* Gerais a Ação Pastoral da Igreja do Brasil. Esse GT seria composto por um bispo, teólogos(as), pastoralistas, membros das duas congregações monfortinas e leigos(as) que adotam o método de Montfort. Com isso, contribuiríamos para uma visão serena, atualizada e plural do carisma herdado de São Luís.

---

[4] "É relevante fazer a preparação em 33 dias, já que ela permite ajudar quem deseja consagrar-se pelo método de São Luís a bem localizar sua centralidade cristológica. E, ao mesmo tempo, viver com atualidade a proposta de São Luís, sem exageros ou anacronismos. Isso funciona também como filtro, pois só se dedica a fazer os 33 dias quem entendeu a proposta da consagração. Essa implica compromisso e perseverança" (nota de Ir. Anderson Barroso).

A espiritualidade de Montfort, sua intensa devoção mariana centrada em Jesus e a Consagração como forma de renovar o compromisso batismal são patrimônios vivos da Tradição da Igreja. Por isso, não podem ficar reféns de pessoas e grupos que os utilizam como forma de frear a caminhada da comunidade eclesial nos dias de hoje. Aprisionar a proposta de Montfort em formulações doutrinais e devocionais de 300 anos atrás não corresponde ao seu espírito de missionário e amante da Igreja. São Luís foi um visionário, um arrojado evangelizador, inovador, homem despojado e amigo dos pobres. Que ele nos inspire a ser uma "Igreja em saída", que anuncia e testemunha a Alegria do Evangelho!

# Referências bibliográficas

AQUINO, T. *Suma Teológica*. Disponível em: https://sumateologica. files.wordpress.com/2017/04/suma-teolc3b3gica.pdf

BOSSARD, A. S. Louis-Marie de Montfort in: *Diccionaire de Spiritualité Monfortaine*. Outremont (Quebec): Novalis, 1994, p. 800-822 (Itinéraire biographique, Voie spirituelle).

BOUDON, Henri-Marie. *La Saint esclavage de l'admirable Mère de Dieu* (A santa escravidão da admirável mãe de Deus), Nova edição, Marseille: Jean MOSSY, 1836. Disponível em: https://play.google.com/books/reader?id=Dg4wFV8TeWYC&hl=pt&pg=GBS.PR5-IA3

CHAPELEAU, M. *Preparação para a consagração a Jesus Cristo pelas mãos de Maria*. Ed. Divina Misericórdia. sd.

CHRISTOFLOUR, R. *Grignon de Montfort. Apôtre des derniers temps.* Paris: La Colombe, 1947. Disponível no Google books.

Congregación para el culto divino y la disciplina de los sacramentos. *Directorio sobre la piedad popular y la liturgia. Principios y orientaciones* (2002). Disponível em: http://www.vatican.va/roman_curia/congregations/ccdds/documents/rc_con_ccdds_doc_2002 0513_vers-direttorio_sp.html

DE FIORES, S. (org.). *Diccionaire de Spiritualité Monfortaine*. Outremont (Quebec): Novalis, 1994.

DE FIORES, S. Louis-Marie de Montfort in: *Diccionaire de Spiritualité Monfortaine*. Outremont (Quebec): Novalis, 1994, p. 795-800, 822-833.

GENDROT, M. (org). Œuvres *Completes de Saint Louis-Marie Grignion de Montfort*. Introduction Générale, Ed. du Seuil, 1966. Disponível em: https://www.misioneros-monfortanos.org/oeuvrescomplet.htm

GRANDET, J.B. *La vie de Monsieur Louis-Marie Grignion de Montfort*, Verger, 1724. Disponível para leitura no Google Books.

http://www.montfortian.info/main/espanol.php (Site do Instituto dos Missionários Monfortinos)

https://www.isgbrasil.org (Site dos Irmãos Monfortinos de São Gabriel no Brasil).

https://www.misioneros-monfortanos.org/oeuvrescomplet.htm (Índice e introdução geral)

LAURENTIN, R. *Luís Maria Grignion de Montfort*. São Paulo: Paulinas, 2002.

LE CROM, L. *Saint Louis-Marie Grignion de Montfort*. Paris: Clovis, 2003.

MISSIONÁRIOS MONFORTINOS. *A Course in Montfortian Spirituality* (Curso de espiritualidade monfortina). 2014. Disponível em: http://www.montfort.org.uk/Documents/Course/A%20Course%20in%20Montfortian%20Spirituality.pdf

MONTFORT, L. M. G. *Cánticos* (em espanhol). Disponível em: http://www.montfort.org/content/uploads/pdf/PDF_ES_85_1.pdf

MONTFORT, L. M. G. *Letter to the people of Montbernage* (Carta aos habitantes de Montbernage). (Sigla: CM) Disponível em: http://www.montfortian.info/writings/files/A-Letter-to-the-Inhabitants-of-Montbernage.pdf

MONTFORT, L. M. G. *Lettera agli Amici della croce* (Carta aos amigos da Cruz) em: Opere. Vol 1: Scritti spirituale. Roma: Monfortane, 1990, p. 253-296.

MONTFORT, L. M. G. *O amor da sabedoria eterna*. João Monlevade: Missionários Monfortinos, 1998 (sigla: ASE).

MONTFORT, L. M. G. *Tratado da Verdadeira devoção à Santíssima Virgem*. Petrópolis: Vozes, 8ª ed, 1974 (sigla: Tratado).

MONTFORT. L. M. G. *Lettere* (Cartas) em: Opere. Vol 1: Scritti spirituale. Roma: Monfortane, 1990, p. 4-81.

MORETTI, R., Devoción in: ANCILLI, E. (org), *Diccionário de Espiritualidad*. Barcelona: Herder, 1987, p. 567-572.

MURAD. A. *Maria, toda de Deus e tão humana*. Compêndio de Mariologia. São Paulo: Paulinas, Aparecida: Santuário, 2012, cap. 11 (p. 199-223).

Papa BENTO XVI. Exortação Apostólica *Verbum Domini*. São Paulo: Paulinas, 2010 (sigla: VB).

Papa FRANCISCO, Exortação Apostólica *Evangelii Gaudium* sobre o anúncio do Evangelho no mundo atual. São Paulo: Paulinas, 2013 (sigla EG).

Papa FRANCISCO. Exortação apostólica *Gaudete et Exsultate* sobre a chamada à santidade no mundo atual. São Paulo: Paulinas, 2018 (sigla: GE).

Papa JOÃO PAULO II. Carta apostólica *Rosarium Virginis Mariae* sobre o rosário. São Paulo: Paulinas, 2002.

Papa JOÃO PAULO II. *Discurso no encontro com os representantes das comunidades indígenas do Brasil*. Cuiabá, 16 de outubro de 1991. Disponível em: http://www.vatican.va/content/john-paul-ii/pt/speeches/1991/october/documents/hf_jp-ii_spe_19911016_pop-indigene.html

Papa JOÃO PAULO II. Encíclica *Laborem Exercens* sobre o trabalho humano. São Paulo, Paulinas, 1981.

Papa JOÃO PAULO II. Encíclica *Redemptoris Mater* sobre a bem-aventurada Virgem Maria na vida da Igreja que está a caminho. São Paulo: Paulinas, 1987.

Papa JOÃO PAULO II. Exortação apostólica *Christifideles laici* sobre vocação e missão dos leigos na Igreja e no mundo. São Paulo: Paulinas, 1989 (sigla: CL).

Papa PAULO VI. Exortação Apostólica *Marialis Cultus*. São Paulo: Loyola, 1974 (sigla: MC).

Papa PIO XII. Encíclica *Divino Afflante Spiritu* (1943). Disponível em: http://www.vatican.va/content/pius-xii/pt/encyclicals/documents/hf_p-xii_enc_30091943_divino-afflante-spiritu.html

PAPÀSOGLI, B. Introduzzione Generale in: Centro Mariano Monfortano (coord). *S. Luigi Maria da Montfort.* Opere 1. Scritti spiritual. Ed. Monfortane, 1990, p. XXIV – LXXI.

PÉROUAS, L. *Grignon de Montfort: ou L'aventurier de L'Évangile.* Paris: Ed. Ouvrières. 1990. Parte disponível no *Google Books*.

Revista IHU on-line. Entrevista com o Superior Geral dos Missionários monfortinos (agosto de 2009). Disponível em: http://www.ihu.unisinos.br/78-noticias/591444-o-papa-francisco-nos-leva-a-recuperar-a-vida-de-sao-luis-maria-de-montfort-a-paixao-pelos-que-sofrem-entrevista-com-pe-luiz-stefani-geral-dos-monfortinos

SÉGUY, J. Millénarisme et "ordres adventistes": Grignion de Montfort et les "Apôtres des Derniers Temps". In: *Archives de sciences sociales des religions*, n. 53/1, 1982. p. 23-48. Disponível em: https://www.persee.fr/doc/assr_0335-5985_1982_num_53_1_2241

VALABEK, R. M. Devoção in: BORRIELLO et al (orgs). *Dicionário de mística*. São Paulo: Loyola-Paulus, 2003, p. 321-323.

Todos os acessos revistos em 14/6/2020.

# Índice

**Introdução** .................................................................3

**1. Vida e Missão de Montfort**............................................7

1. Aprendendo com a Vida de Luís Maria
   Grignon de Montfort ......................................................8

*Preparando-se para a missão*............................................. 8

*O jovem Padre Luís Maria*................................................ 11

*Anos de intensa missão* ..................................................... 17

*Últimos passos de um grande homem*............................. 22

*Balanço de uma vida* ......................................................... 23

2. Breve apresentação do "Tratado da
   Verdadeira Devoção"..................................................... 26

1ª Parte: Maria e a Salvação em Cristo .......................... 27

2ª Parte: O culto a Maria na Igreja.................................. 29

3ª Parte: A *perfeita consagração a Jesus Cristo
nas mãos de Maria*......................................................... 32

## 2. Devoção a Maria e renovação da piedade mariana ................................. 39

1. Sim ao culto e à devoção, não ao devocionismo ................................. 39
*Práticas devocionais* ............................................. 42
*Devoção e devocionismo* ........................................ 45
2. Renovar a piedade mariana com critério ............... 48
*Um apelo esquecido* .............................................. 48
*Critérios para renovar as práticas devocionais marianas* ........................................... 50

## 3. Interpretar o *Tratado* e discernir a *Consagração* .................................. 53

1. Qual atitude pastoral adotar? ................................. 53
2. Atualidade da espiritualidade de Montfort ............ 55
3. Aspectos positivos do *Tratado da Verdadeira Devoção* ........................................... 58
4. Uma espiritualidade vigorosa, mas não exclusiva ................................................ 62
5. O Tratado: passar por Montfort e dar novos passos ............................................... 65
6. Escravo, servo ou filho de Maria? .......................... 71
7. Uso das correntes ................................................... 78

**Conclusões abertas** ........................................................ 80

**Referências bibliográficas** ............................................. 83